新管理 02

把自己賣個好價錢

彭思舟　著

匡邦文化

二十一世紀最重要的商品投資，
就是「人才」。
越是不景氣時，
投資自己就是最好的投資。

Marketing Yourself

目錄

第一章

任何東西都有價格

任何東西都有個價格

一九八九年，剛考上大學的暑假，我到一家速食店打工，因爲疏忽而犯了一個嚴重的錯誤，店經理指著我的頭大罵道：「大學生有什麼了不起？你以爲你值多少錢？一個小時六十塊台幣，連吃個漢堡套餐都不夠！」

我整個人呆在那裡，驚覺到我的確不值幾個錢！

事實上，很多人在買東西時，都懂得去斤斤計較，但在找工作（等於是出賣自己的經濟行爲）時，卻便宜售出，爲什麼會有這麼奇怪的現象呢？

那是因爲大部分的人都忽略了，在資本主義制度下，任何東西都有價格，換言之，每一個人在這個社會裡，都是某種形式的商品，都需要花時間去經營屬於自己的品牌、行銷自我，才能在這個社會中爲自己取得最好的價格，更何況，未來人才的競爭是屬於全球性的，二十一世紀最重要的商品投資，就是「人才」。

況且，在一個什麼都不確定，甚至連銀行都可能會倒的的年代裡，聰明的你，不要奢望「國家能爲國民做些什麼，而是要問國民能爲自己做些什麼？」

所以，投資自己，把自己當成是一家公司在經營，做好自我行銷策略，讓自己能賣個好價錢，就是在這個混沌的時代中，每個人最重要的學習課題。

準備好面臨自我行銷的時代

陳子昂的成名術

雖然行銷是現代市場經濟的專有名詞，但即使是在古代，也有很多名人懂得利用自我行銷，走上成功之路。

例如寫下「前不見古人、後不見來者，念天地之悠悠，獨愴然而涕下」千古名句的唐朝詩人陳子昂，初到長安時也是苦於默默無聞，但他後來心生一計，花下千金購買長安一把著名的胡琴，並廣邀好奇的賓客，準備為大家彈奏。

可是就在宴席間，出席賓客正準備聆聽陳子昂彈奏這把千金名琴時，陳子昂卻突然摔斷名琴，並氣憤的表示，「我陳子昂寫了這麼多好文章，但名聲卻不如一把琴，豈不怪哉？」

隨後陳子昂將自己寫的詩文分贈給賓客，而他也在當天就成名於天下了。

這個故事告訴我們，如果連幾百年前的人都需要做自我行銷，更何況是身處在經濟全球化浪潮的現代人了。因爲我們現在面臨的市場競爭，已經不是與同一個區域人的競爭，而是要與大陸、東南亞、日本、歐洲、美國等各地的人才競爭。

全球人才競爭的時代

一位從上海回來的陳姓台商說，他發覺在上海講英文的機會，竟然要比台北多得多，因爲他面對的不只是與大陸人才的競爭，還有來自世界各地到上海做生意的菁英們。對他而言，到大陸，應該只是踏出國際化的第一步，如果他不再進一步成長，加強自我行銷，他就躲不掉被淘汰的命運。

人人都需要自我行銷

那麼，如果我只是在台灣找個小工作，就不需要自我行銷了吧？

錯！在台中鬧區一家餐飲店服務的袁姓友人告訴我，最近他的工作面臨新的威脅者了，這個威脅者竟然是個菲律賓外勞，她的勞動成本不但便宜，而且可以從早上工作到深夜，甚至很多逛夜市順便到餐廳吃冰的學生，都喜歡她的服務，因為可以順便練習英文，於是台灣老闆要菲傭不用做家務事，改來餐廳幫忙，我的朋友最近常常看到老闆暗示著「他是多餘」的眼神。

我建議袁姓友人，這是他思考自我行銷策略的時候了。畢竟，把自己當成一家公司在經營、藉由行銷觀念把自己賣個好價錢，是每個人在市場競爭下，都必須要面對的課題。

你想要如何面對這個問題嗎？就從買這本書開始！

如何把自己賣個好價錢

一個空前絕後的自我行銷案例

在中國的歷史上，能把自己賣到一個空前絕後的價錢、堪稱最成功的自我行銷術，應該就是春秋戰國時代的大商人呂不韋，爲淪落趙國當人質的秦國皇子子楚所訂定的行銷策略。這個策略不僅使落魄的子楚重新脫離困境，變成「奇貨可居」之外，甚至還爲子楚得到秦國的皇位和一個大好江山。

如果以現代行銷學的七P理論（product、position、promotion、place、price、people、public opinion）來思考呂不韋爲子楚訂的策略，我們就不難得知呂不韋自我行銷策略的精髓。

首先七P的第一項product，可以解釋成是「發現自己的賣點」。對子楚而言，他最大的賣點，就在於他擁有秦國皇室的血統，有資格繼承秦國的皇位，但是product的另一層意思，也是要人們認清自己眞實的缺陷，當時秦國國王的兒子太多，子楚只是其中之一，才華又沒有特別突出，更別說期望能受到父王寵愛，因此才會被送到趙國當人質，所以才需要呂不韋爲他製訂進一步的自我行銷策略。

就七P理論中的people而言，可解讀爲「人脈」，更精確的說，就是可以在未來幫助你踏上成功之路的「key-man」。呂不韋判斷，子楚需要一位可以幫他脫離困境，登上成功之路的貴人，那就是他父王寵愛的妃妾「華陽夫人」，因爲秦王年事已高，而華陽夫人又膝下無子，萬一哪天秦王去世，對於無法「母以子貴」的華陽夫人而言，是一個相當重大的危機，所以子楚如果成爲華陽夫人的養子，對雙方都是一種雙贏的局面。

不過，子楚要想讓年紀比他小的華陽夫人收他爲養子，還需要用到七P理論中的

promotion，也就是適時表現自己，讓華陽夫人相信自己是個孝順與知恩圖報的人，這有賴於 place、public opinion 的搭配進行，所謂 place 通路，可以解釋爲「舞台」，也就是每一個人都要有表演的舞台，就像棋子不能脫離棋盤，棋子一旦脫離棋盤就不再是棋子了，同樣的，子楚的舞台在秦國，他脫離了秦國，就失去了舞台，只是一個人質，隨時可以因爲秦、趙兩國的交惡被殺掉。

子楚就在呂不韋的幫助下回到秦國，同時建立好在秦國朝野的 public opinion，也就是個人的形象與口碑，多方努力下，讓華陽夫人收他爲養子，同時在 position 個人定位上，認清楚在險惡的封建政治圈中，只有不斷往權力之路邁進，勇敢卡位，才是保全自己最好的方法。最後終於成功的被封爲秦國太子，不久繼任秦王。子楚總算藉由呂不韋的自我行銷策略，爲自己賣到一個空前絕後的價錢。

運用七P理論自我行銷

再以現代人的職場規畫來看如何把自己賣個好價錢，其實也可以運用到行銷的七P理論。

曾經是廣東一家台灣電子上市公司高級幹部的老張，是廣東暨南大學的國際貿易碩士台籍畢業高材生，一九九三年畢業很順利的成爲一家台資電子公司的高級經理，享受配車、住房、管家的福利待遇。但好景不常，在二〇〇一年年初，在公司緊縮的人事政策中，他被裁員了，取代他職位的人，是一位剛從上海復旦大學畢業不久，通曉英、日文，但薪水卻只有他一半的年輕菁英。已經將近四十歲的他，在面臨中年失業的難堪，又不想再增添家人的煩惱下，只好來找我商量，在去除所有的情緒性思考，並且以理性的行銷七P理論來客觀分析老張面臨的困境，老張的未來，竟然浮現出一個光明又清楚的輪廓！

首先，就 product 層面來看，老張最大的賣點有兩個，一爲他是台灣人，卻在大陸讀碩士，對於大陸社會生活已經有充分的了解，其次，就是他擁有多年處理海關與國際貿易的經驗。

不過，綜合目前中國經濟情勢的發展，老張 product「賣點」的吸引力，可能已經大不如前。因爲在大陸改革開放初期，台、外商尙不熟悉大陸社會市場，有老張這樣既熟悉台灣與國際社會接軌的狀況、又了解大陸背景的人，當然是「奇貨可居」，但隨著時事演變，台、外商對中國不再陌生，而目前大陸的本土人才，有國際觀的並不少，也具備西方的企業管理知識，而且同樣是大陸大學畢業碩士，台、外商沒有理由要用薪水比較貴的老張。

換言之，老張的 position、price 都已經受到挑戰，連帶影響他在大陸 place 的表演舞台，也逐步流失，更不要說有 promotion 自己的著力點，雖然這幾年在大陸老張也建立起不少人脈 people 與不錯的 public opinion，但中國台、外商企業的本土化政策是一致的趨勢下，老張的台商朋友對於幫忙介紹工作，也是愛莫能助。

因此，老張要解決他的困境，就必須要重新訂定自我行銷策略，才能重新出發，讓自己再賣個好價錢。

我建議老張，首先要想辦法讓他這個 product 的賣點更具吸引力，老張已經近四十歲，叫他去學任何新東西都不切實際，不如逆向思考，在一片前進大陸聲中，嘗試變換 place 舞台回到台灣賣他的大陸經驗，也就是對老張而言，此刻在中國的大陸碩士學歷已經不值錢，因爲滿街都是中國名牌大學的碩士在找工作，但是如果回到台灣，他的大陸學經歷卻立刻又變得具有獨特性與稀有性。

同時，在 position 的定位上，老張根據自己的賣點，可以把自己定位爲所有台、外商進入中國大陸投資的窗口，許多台灣公司都需要這樣的人才。結果，在二〇〇一年時，老張轉戰職場回台灣，在一片不景氣聲中，竟然順利找到一家企業管理顧問公司擔任顧問，專門負責客戶公司處理大陸市場問題的教育訓練，由於有充分的實際操練的經驗背景，又有廣州暨南大學求學期間與大陸社會融合的經驗，再加上之前建立的人脈與公共關係不錯，很多台商朋友都樂於向他們位於台北的總公司推薦老張講授的課程。短短數個月後，老張已經成爲產業界的紅牌大陸講師，收入甚至高於之前工作的水準。這又是一個自我行銷策略成功的案例。

接下來將在各個章節，逐步解讀自我行銷策略中，七P理論的應用與實際案例，期待讀者在心領神會後，都能把自己賣個好價錢。

第二章

培養自己的賣點

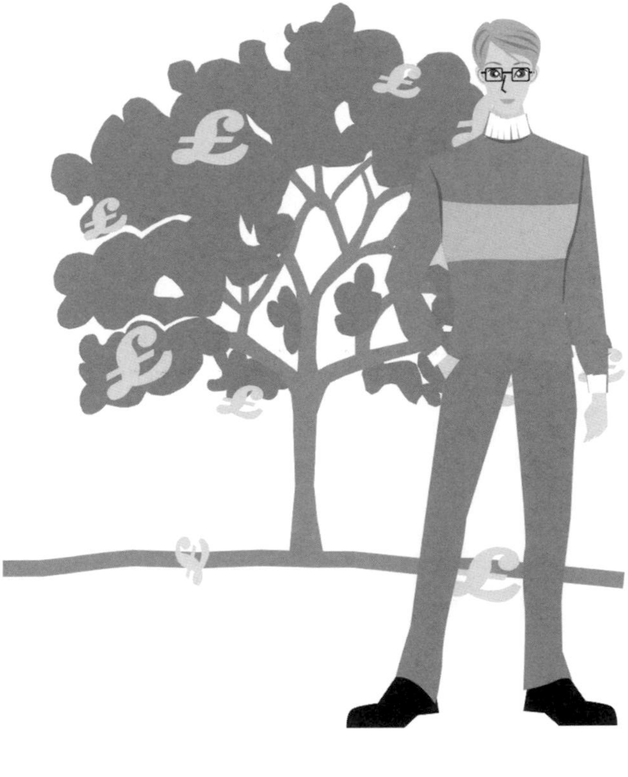

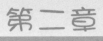

培養自己的賣點（product）

天生我才必有用的真實含意

要想做好自我行銷，首先要了解自己，才能發現自己的最佳賣點。

有句老掉牙的話說：「天生我才必有用。」

這句話其實包含著兩層意思，首先，就是上帝很公平的都給世界上每一個人一項天賦特質，所以有些人天生不需要練習，或許就可以跑得很快、唱的歌很好聽、記憶力很強、反應特別靈敏，這其實就是自己最好的賣點。

所以這也是爲什麼許多大型外商公司，在招募新人時，不僅重視新人曾經學過的專業，還要求新人要做「性向測驗」，爲的就是了解新人的個人特質，以便安排最適合他的工作。不過，卻有很多人遺忘掉了這項上帝給自己的最好禮物，而總是在做一些與自己特質天賦不合的事情。

我曾經讀過一個有趣的童話故事書，書名叫《我是誰？》，描寫一隻不知道自己是什麼動物的小地鼠，在尋找自己是誰的過程中，牠首先跟松鼠朋友學爬樹，因爲牠很羨慕松鼠可以爬在高高的樹枝上，看遠處的風景，但牠不管怎麼努力，總是沒有辦法像松鼠一樣爬得又快又高，好幾次摔跤還差點跌斷腿。後來牠又跟小狗學賽跑，但還沒跑多遠，就累得要命，甚至最後牠還跟夜鶯阿姨學唱歌，但牠只要一開口，動物就都跑光光，牠很難過，覺得自己是森林王國最沒用的動物，只好挖個洞躲起來，直到有一天，浣熊媽媽家裡失火了，但是浣熊寶寶逃生不及還困在屋裡，不過由於火勢太太，沒人可以靠近救援，就在千鈞一髮之際，小地鼠發現自己挖的洞與浣熊媽媽家不遠，靈機一動，就挖地洞穿透浣熊家地板，救出浣熊寶寶，從浣熊媽媽感激的眼神中，小地鼠發現了自己的價值，也找到了自己。

從這個童話故事中，我們可以發現「天生我才必有用」這句話的第二層意思，那就是發現自己的天賦特質後，最好就根據這項特質去發展自己的優勢，做自己擅長的事。如果以現代企業的術語來說，就是發現自己的核心價值，專注於本業。

所以，想要發現自己的賣點在哪裡，回歸到最起點的思考，應該就是問自己兩個問題。

第一個問題是，老天爺給我的天賦特質到底是什麼？從小到大有沒有什麼事情，是我不需要經過太多努力就比別人好的？

第二個問題則是，我有沒有按照自己的特質天賦，發展自己的專長？現在的工作，是不是就是我最擅長的事？

上帝給人們最寶貴的資產是「學習」

不過，看到這裡，有些朋友或許會認爲，自己的年齡已經三、四十歲了，現在再來思考如何按照自己的天賦發展專長，是否已經太慢？或者，現在的工作雖然不是自己的興趣，但現在也做得很不錯，與其考慮天賦是否與專長合一的問題，倒不如思考有什麼方式可以讓自己更好，在職場上更有賣點，還來得實際！

的確，對有些人來說，現在才提醒他要利用上帝給他的天賦去發展專長，是有些天方夜譚。但上帝除了給每個人一項不同的天賦外，還給了全體人類一個共同最寶貴的資產，那就是「學習」。所以社會上大部分人雖然不是按照自己的興趣特質，做最擅長的事，但還是透過不斷學習、累積經驗，把自己的工作做得很好。

因此，針對每個人的狀況不同，我們依舊利用現代行銷的觀念，**SWOT** 分析法，也就是針對己身的優勢優點（*strength*）、弱勢缺點（*weakness*）、發展機會

（opportunity）、阻礙威脅（threat），來進行對自我學識、經驗、技能、專長、個性、工作的分析，對自己的現狀做一個總體檢，誠實認眞的看清楚「自己到底有多少料」，這樣才能發現自己眞正的賣點。

你有多少料？

認清自己是否是狐假虎威的狐狸

爽徐是台北某大報紙的記者，之所以叫他「爽徐」，主要是因爲他的人生走得很順利，從他大學一畢業、當兩年兵退伍後，就順利考上一家大媒體報紙當財經記者，而且任何他要採訪的對象，似乎都可手到擒來。附帶一提，由於爽徐長得俊帥，又是大報的記者，所以受到許多美女的青睞，朋友都封他爲「無敵把馬手」。

就在這一切都看似很順利的時候，爽徐有次與公司主管發生衝突，心裡覺得很委屈，這時候突然有一家小型報紙想高薪挖角他，而且願意讓他主跑大陸新聞的路線，他心裡想，「我在新聞媒體圈才工作了一年，就已經跑出些名堂了，現在有人要出多百分之五十的薪水挖我，又讓我跑自己喜歡的新聞路線，我爲什麼要留在這裡受悶氣？」於是爽徐就跳槽了。

不過，當爽徐到這家小報紙上班採訪第一天時，怪事便發生了，原本可以立即順利邀約採訪的民代與大老闆，都推說有事，要另外安排時間，而原本安排給自己出書的出版社，也突然推說出版計畫受到經濟不景氣影響要暫停，甚至那個本來見到他都會笑的豆花西施，看到他新東家的名牌後，臉孔也轉換成一副爽徐欠他八百萬的樣子，剎那間，全世界好像在跟爽徐作對，似乎都變得不認識「爽徐」這號人了，當然，小徐由於績效不如預期，也時常遭新東家冷眼相對。

爽徐覺得很「鬱卒」，就來找我聊聊天，我坦白告訴他，他的情況就像一隻不知道自己是在「狐假虎威」的狐狸。換言之，以前別人對他表現的尊重與喜愛，是因爲他背後代表的大媒體招牌擁有的輿論力量，卻不是因爲他本身的新聞專業與人脈經驗累積，也就是說，大家怕的並不是他這隻小記者狐狸，而是他背後的大報老虎。

幫助審視自我現狀的 SWOT 分析法

這個世界能誠實面對自己的人不多，不過，知己知彼、百戰百勝，只有知道自己眞實處境的人，才能爲自己訂定眞正行之有效的自我行銷戰略，在人力市場上立於不敗之地，爲自己賣得最好的價錢！

針對上述爽徐的案例，我們可以嘗試用 SWOT 分析法，也就是藉由審視己身內部的優勢、劣勢（strength、weakness），以及所面對外部環境的威脅與機會（threat、opportunity），幫助鬱卒的爽徐更清楚了解現在的自己。

首先要檢討的，是他具備哪些優勢（strength）？才從學校畢業一年，沒有任何背景的爽徐，年輕、用功、具備跑新聞的衝勁、由於大學是經濟系，所以寫的文章具備一定基礎的深度，都是他最大的優勢，但是缺乏經驗與眞實的人脈，則是他最大的弱勢（weakness）。

本來爽徐可以利用在大報的機會「以戰養戰、發展壯大自己」，但很可惜的是他離開大報太早，根基紮得不夠深，其次是爽徐現在面臨的威脅（threat）來自於兩方面，一爲他是因與主管不合，才跳槽離開大報，還要提防會被原來的老闆夾殺；二是爽徐現在在新報紙領的是比同輩高的薪水，但績效卻不如預期，可能隨時會被藉故擠壓下台，而且目前景氣差，找工作的新聞同業多如過江之鯽，事實上，他已經面對隨時可被取代的威脅。

不過，在外部環境的威脅下，其實也伴隨著機會（opportunity）。近年來，大陸新聞已經成爲台灣新聞中的一個熱點，大陸的問題對於許多台灣人而言，早就不在只是一種議題，而是生活的一部分，這可以從近十年來，平均每年一百萬以上台灣民衆出入境大陸，而每三個台灣人，就有一個親友到過大陸工作或旅遊可看出端倪來。

爽徐現在主跑的新聞既然是大陸新聞，正代表了這一方面所蘊含的機會，但是當時台灣所著重兩岸部分的新聞多為政治性，而對於台商的經營與生活，卻較少著墨，我建議他可以鎖定這些方向的主題作發揮，因為他具有一定財經的背景，較能深入了解台商經營所遇到的問題，而且當時台商是社會較少受到關心的一群，比較不會因為媒體招牌的大小，而考量是否接受訪問，這是一塊新聞處女市場，更是爽徐重新東山再起的好機會。

另一方面，小報也有一個好處，就是可以逼迫爽徐督促自己更用心在寫作、累積經驗的基本功上，而且，現在開始人們會認得爽徐，是因為爽徐這個人，而非他後面報社的招牌，大家會開始說「爽徐的某某報」，卻不是「某某報的爽徐」，小報有大記者，大報也有小記者，箇中的區別，如人飲水，冷暖自知。

爽徐在藉由 SWOT 分析法，認清自己的現狀，重新調整新聞主題路線後，初期當然遇到一些困難，例如，報社經費緊縮，他無法親赴大陸採訪，但他就以打電話代替，在將近一年的努力下，他所主跑的大陸台商財經生活新聞，深受讀者肯定，同時，他也找到了更大的舞台。

打工皇帝百戰百勝的秘密（知識經濟象限）

發展專業增加自己的不可替代性

我曾在香港遇到過一位號稱「打工皇帝」、千萬港幣年薪的高級白領上班族（在香港或大陸一般通稱非老闆的夥計職員，都叫做「打工仔」，與台灣指打工part-time job是不同的），我當然不會放棄機會請教他成功的秘密。

他告訴我，「想辦法讓自己成為專業人士，而且要不斷加強它，讓自己變的無法取代，你就會變得很值錢。」

這位不願透露姓名，只爲了怕別人向他借錢的「打工皇帝」說，現代的社會是知識經濟的時代，已經不只三百六十行，而是三百六十萬行，社會經濟分工越細，作一個通才就越不可能，而且被取代的機會就越大，只有成爲一個專業人士，才是增強自己優勢與賣點的不二法門。

他例舉認識的一位深圳專門製作辦公椅底下滑輪的台商爲例來說明，要製作出來一套辦公家具，從原料式樣的剪裁，到組裝設計，需要一套非常繁複的流程，但這位台商就只專心作這個流程的一個環節，而且做到品質最好、成本最低的專業水準，結果竟然讓他成爲全世界的座椅滑輪大王，全球市場佔有率達到七成以上。

這個例子告訴我們，其實每個人經營自己時，也可以同樣定位自己爲一個專業的角色，並且在選定專業領域的一個環節中，努力做到最好最傑出，這就離成功不遠了。

就像台北的英文補教名師高國華，當初在放棄當一個風光的職業籃球選手後，決定進入補習教育界的專業領域，他選擇了英文作爲自己切入的環節，從此便一頭栽進英文教學的世界，不做到最好絕不罷休，現在他已經成爲台北中學生學英文的名牌老師。

對於發展自己專業的必要性，我已經有所了解，的確，這是一個連賣檳榔都要掛一個「專業檳榔」的年代，但我依然要求這位怕別人向他借錢的「打工皇帝」進一步說明，如何增加自己的「不可替代性」，發展自己無可取代的賣點？

掌握資訊，做到KM

他推了推眼鏡告訴我，「掌握資訊，做到KM。」

我疑惑的問：「什麼是『KM』？」

他微笑的說：「KM就是知識管理（knowledge management），也就是每個人對自己累積的經驗與know-how，做一個有系統的整理，這點在知識經濟的時代尤其重要。」

隨後，這位香港千萬年薪上班族一邊小心翼翼的打開他的筆記型電腦、一邊警告我不要亂動，他說，這部電腦是他全身上下最有價值的東西，至少值五、六千萬港幣，因爲裡面存有他工作以來，所有累積的專業經驗與案例，此外，還有超過五百家中大型公司，與至少五千個客戶與朋友的交往檔案資料。

我帶著懷疑的眼神「看」著他的電腦（他不准任何人碰，連太太也一樣）說：「如果眞的有那麼神，那可不可以幫我找梁詠琪的資料？」

他神秘的一笑，點選幾個資料夾後，赫然出現我心目中永遠的玉女偶像梁詠琪的私人資料、公司聯絡電話，甚至他還掃瞄了梁詠琪的一張清涼照片送給我。

這位打工皇帝小氣歸小氣，但他會成功還是有他的道理的。

知識經濟象限

基本上，我在接觸許多成功人士時，總不能免俗的詢問他們，如何做到成功的自我行銷？

雖然每個人講的成功故事多少都有些不同，不過總有些相通的法則，最後我福至心靈的思考出一個象限圖，以歸納出他們爲什麼總能戰勝不景氣、永遠讓自己保持最佳賣點的秘密，並將這個象限圖命名爲「知識經濟」象限。爲什麼要叫它爲「知識經濟」象限呢？

因爲這個象限解答了一個人在知識經濟社會中，如何趨吉避凶，增強自己優勢，就像是「Rosetta stone」一樣。

所謂「Rosetta stone」，是埃及考古學家在金字塔裡發現的一塊神秘古老石頭，這塊石頭表面被畫分爲三層，每一層都刻滿了古埃及文字，考古學家已經翻譯出來底下兩層的所有文字，目前正努力尋求最上一層神秘文字的解答。據說，如果考古學家能破解最後一層古埃及文字，那麼神秘古埃及文化所有的迷團都將能迎刃而解。

同樣的，以下的這個知識經濟象限，就像是「Rosetta stone」解答古埃及時代神秘的文化一樣，也可以解答知識經濟時代成功的秘密！

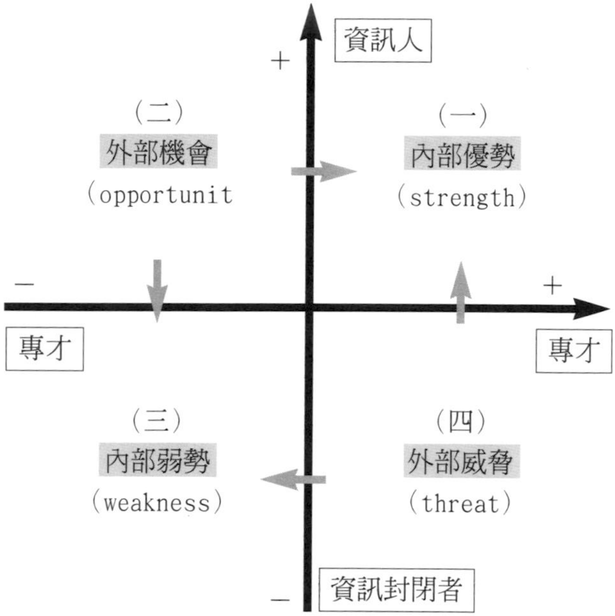
資訊人
+
（二）
外部機會
（opportunit
（一）
內部優勢
（strength）
－
+
專才
專才
（三）
內部弱勢
（weakness）
（四）
外部威脅
（threat）
－
資訊封閉者

知識經濟象限圖

只有王牌才能讓你致勝

首先，知識經濟象限告訴我們的第一個秘密就是——

會使一個人獲得成功的，永遠是你的優勢和優點，而非弱點。

就像我們在玩撲克牌時，會讓我們贏牌的，永遠是手上的王牌，而非那些爛牌，但是我們從小接受的教育，都是要我們不斷花時間去補足自己不喜歡的缺陷，比如說數學不好，所以就拚命補習數學，這在升學主義掛帥的時代，當然是有其道理的，但是反映到眞實的人生，卻完全不是這麼一回事。

也許就在你的周遭，常會聽到這樣的抱怨，「爲什麼每次升官總是他？他做人那麼爛，又臭屁，根本沒有人喜歡他！」

但是這種看似不公平的事卻每天在發生，如果平心靜氣的去思考別人成功的要點，你會發覺大部分比你強的人，都是有道理的，以知識經濟象限來解釋，就是別人把最大的時間成本花在經營第一象限，就像「打工皇帝」一樣，是不斷的朝向一個專業人士，與成爲一個時時接收各種大量資訊的數位工作者，來保持增強自己的優勢。

因為在人生的牌局中，會讓你獲致成功的，只有你的王牌，也就是你無可取代的專業與資訊吸收能力。

機會及威脅同時是成功與失敗的朋友

知識經濟象限的第二及第四象限要說明的秘密是，勇於把握機會，面對威脅，可以增加一個人的成功優勢。但如果沒有隨時吸收外界資訊，並放任自己往通才的方向走，就會導致機會轉換成弱勢，甚至被外在的威脅者吞蝕取代，反之，若能隨時保持吸收大量外界資訊，甚至做到個人知識有系統的管理，藉機培養自己成爲一個專才，就能夠讓機會與威脅轉成優勢，越走越強。

小楊是我認識的一位證券業超級營業員，在台灣股市還在上萬點的時代，把握機會勇敢投入股海，成為超級營業員，狠很賺它一筆。

不過，在最近的一次聊天中，我發覺他正在準備與證券不相關的保險業務員考試，我很好奇的問他是否準備要改行？小楊正色的說道：「現在時代變化的速度太快了，電腦網路下單很快會成為每個人熟悉買股票的方式，換言之，我超級業務員的工作，很可能就會被一部電腦威脅取代了。」

他接著說：「不過，面對這樣的未來趨勢，我不會打算轉行，因為我最大的興趣與專業，還是在投資理財的領域，所以我要加強自己在各種理財方面的知識，將來成為一個專業的個人理財顧問。」

的確，小楊在景氣好的時代，把握機會投入股市，為自己的人生取得成功的勇氣，值得我們敬佩。

但我認為，他看出固守以往的機會，將帶給他的威脅，而主動掌握未來趨勢轉型的智慧，更是讓人折服，這充分符合了知識經濟象限圖中，第二及第四象限要表達的眞意。

超倍速的成功與淘汰

在知識經濟的時代，成功很快、淘汰也很快。遠遠超過歷史上的任何一個年代，就像比爾蓋茲，從他家的車庫創業開始，到世界首富，所花的時間比石油業及連鎖業鉅子，要少好幾十年。

著名的台灣資訊人集團的創辦人賀元，是我在台北奎山中學大我一屆的學長，他在台灣大學商店街附近的一個地下室，以五十萬元台幣左右的資本額創辦《資訊人》，然後在短短數年，以不到三十歲的年紀，將《資訊人》發展成華人世界的網路大集團，成爲人人稱羨的金童。不過，也因爲大環境的變化、網路寒冬的來臨，而被迫黯然收場。

在知識經濟的時代，要確保優勢，就要培養自己越專業的技術，以及成為一個資訊工作者，就會如知識象限上的第一象限，正正（＋、＋）結合，越變越強，如果放任自己不斷往一個通才的方向游離，同時資訊越來越封閉，就會超倍速由強轉弱，也就是如知識象限的第三象限負負結合（－、－），越變越弱。

陳大哥是台灣一家化學工廠的廠長，在一九九五年目睹台灣勞動成本飛漲、環保抗議層出不窮，所以在朋友的邀約下，到中國廣東東莞市虎門鎮共同創業，由於陳大哥本身有化學工廠的管理專業，以及願意配合長駐虎門，所以可以不用出資，單純以技術入股百分之十五。

創業初期，由於依附在台商大廠下做衛星工廠，加以東莞經濟正在起飛，陳大哥把握知識象限中第二象限，將「機會」成功轉為自身的優勢，並使工廠營業額狠狠比台灣膨脹了十倍，為股東賺了不少錢。

但好景不長，東莞由於經濟的起飛，已經發展成為全大陸第三大出口城市，而且吸引台資企業達到三千多家，幾乎台灣每一個電子股票上市公司，都有在東莞設廠，陳大哥的化學工廠，已經不再是東莞官方重點招商的企業，他面臨了知識象限中第四象限的「威脅」，甚至在一九九八年，陳大哥的工廠直接被列為不受歡迎的投資企業，中國政府希望這些高污染的傳統產業往西部移動，但是對陳大哥來講這將會增加運貨成本的負擔，因為他大部分的客戶是在東南沿海。

另一方面，陳大哥在東莞這段期間，與化學業界相關資訊的吸收，可以說是處在停滯狀態，因此陳大哥的化學產品並未有進一步的提升，台商電子大廠對陳大哥的化學品並沒有必然的依賴性，再加上大陸本地的化學工廠也開始興起，賣的產品品質不會比陳大哥工廠差，但是價錢更便宜。這時候陳大哥面臨的威脅，已經轉換成為他的弱勢了，最後可以想見，工廠終於停業關門。

由這個案例可知，身處現在知識經濟的年代中，成敗興亡總在一瞬間，因為每一個人代表的知識象限圖，是不斷在流動的，外部的機會與威脅，隨時可以變成自身內部的優勢與弱勢，端看我們是否能夠不斷往培養自己成爲專才的路上走，以及成爲一個時時吸收資訊的數位工作者。

第三章

把握機會秀自己

把握機會秀自己（promotion）

沉默是金的年代已經過去

如果你不是長得像木村拓哉一樣帥，或是有如西施一般沉魚落雁的容貌，請相信我，在這個社會日趨多元化、百家爭鳴、東風吹戰鼓擂、誰也不怕誰的年代，你越保持沉默，就越容易被社會所遺忘。

古人所言「沉默是金」的年代，早已一去不復返，現代人如果不懂適時的自我行銷，包裝好自己的形象，把握機會秀自己，就很難有受到矚目而可以出人頭地的機會。

關鍵三十秒一秀決勝負

劉備摔子凝聚人心的大秀

即使再有實力的人，也要懂得如何把握機會秀自己，有時在勝負的關鍵時刻，這尤其重要。例如，三國劉備被曹操大軍追殺，受難長板坡時，麾下猛將趙雲冒死救出劉備之子阿斗，當趙雲雙手將懷裡阿斗遞與劉備時，劉備冷不防將阿斗丟擲於地，哭罵道：「爲汝這孺子，幾損我一員大將！」趙雲急忙抱起阿斗，泣拜劉備說：「雲雖肝腦塗地，不能報也！」

從上述這個案例來看，劉備眞是一個 promotion 自己的高手，試想當時的他正被曹操數十萬大軍追殺，而他本部兵馬僅有三千，可說正値危急存亡之秋，他適時把握趙雲救阿斗的機會，表演了一場收攬人心的大秀，告訴部眾與天下人，對比曹操的「寧我負天下人，勿使天下人負我」，劉備不止心存仁德，而且愛護部屬甚於自己的兒子，跟著他打天下，絕不會有「狡兔死、走狗烹，飛鳥盡、良弓藏」的情況，因而在關鍵時刻，凝聚了當時混亂浮動的人心，最後才有本錢擺脫危機。

秀在勝敗一線間

再以現代職場的眞實案例來看關鍵時刻「秀」的重要，小劉與小胡是台灣某大集團決定要派駐上海首席代表的兩個熱門人選，當然這兩個人私底下的較勁也異常激烈，因爲派駐上海不僅薪資福利優渥，更重要的是有獨當一面的機會，而且上海經濟正處於興旺期，說不定還有機會另起爐灶。

在小劉與小胡這兩個熱門人選中，大家其實比較看好小胡，除了小胡的風度、專業學養超出小劉甚多外，他還是屬於集團總裁提拔的人，也就是「國王的人馬」。反觀小劉，雖是上任退休總裁的愛將，而退休總裁在公司集團裡仍有若干影響力，且與現任總裁關係不錯，但退休的總裁，不管怎麼樣，總是退休了，所以大家都押寶上海首席代表的人選，必定是小胡。

不過，就在決定人選即將公佈的前一天週末，集團總裁去看望退休的老長官，赫然發現小劉正陪老長官爬山回來，小劉看到總裁當然知道他必有事與老長官討教，隨後即識趣告辭。這位集團現任總裁在與老長官請益之際，注意到老長官一句感嘆話說：「唉！當初拉小劉一把還是對的，這個年輕人講情分、重義氣，想當初受我提拔升官的人不知有多少，但現在只有小劉記得我，老是給我帶這個、帶那個禮物的，週末有空還陪我爬爬山。」

這句話言者無意，但聽在這位現任總裁心理，就有一番另外的感受，原來派到上海當首席代表，就等於是封疆大吏，其實對忠誠度的要求，遠比能力重要，雖說小胡這個人的確是個人才，但才氣恐怕不在自己之下，難保有一天不會取代自己的位置，再說，自己有一天也會退休，他想公認smart的小胡，絕不會向小劉對待老長官這樣對待自己，因此，倒不如提拔懂得感恩圖報的人。

隔天，上海首席代表赴任人選公佈了，結果竟然是不被看好的小劉，面對這個意外，小胡強忍臉上的錯愕，保持風度向小劉恭喜。而小劉微笑的臉上，卻透露出一絲篤定。原來，「秀」在勝敗一線間，現任總裁在做抉擇時的心裡掙扎與作戰，早就在小劉的預料中了。

秀到最高點必能投其所好

價值新台幣一億元的保單

有位年輕的女保險業務員，在千求萬求、鍥而不捨的努力下，一家台灣著名電子上市公司集團的副總，總算答應給她一個機會，為了準備面對這位身家至少十億台幣以上的電子新貴前，她做了好多的準備工作，但沒料到在好不容易見到這位富豪時，他劈頭就對她說：「我相當忙，妳只有五分鐘的時間說服我，為什麼我要買妳的保險？」

這位女業務員面對這種狀況，先是一陣緊張錯愕，然後鎮定下來，拿起一張紙，告訴這位電子富豪，「假設這張紙是你所有的財產，如果你沒有買保險來避稅的話，等你死後把財產留給你的兒子，扣掉遺產稅等稅金，貴公子能拿到的錢，就只剩下這張紙的四分之一。」

這位現在已經是台灣保險界傳奇的女業務員形容，當她做完摺紙的動作時，可能還花不到三分鐘，而十分鐘後，她拿到了當保險業務員生涯以來，最大的一張保單——保額一億元新台幣！

這個故事給我們的啓示有兩個，第一個是，成功是給時時在為機會做準備的人。我相信，如果這位女保險業務員沒有時時刻刻充實自己對財務方面的相關知識，不一定會了解，保險在實質上也有避稅的功能。這也就呼應我在上一章知識經濟象限所提到的，要保持與資訊的吸收與接觸，作爲一個專才的數位工作者，才能確保優勢，讓強者更強。

第二是，秀，也就是要投其所好，並將對方的真實需求與自己的企圖心結合，創造一種雙贏。

以一億元台幣保單的案例而言，當事人就精準掌握到一般有錢富豪避稅的需求，投其所好，終可打動人心，也讓自己變成保險業界的超級業務員。

唐太宗與死囚的雙贏秀

秀在關鍵時刻，其實就是一種創造雙贏的思考，我們可以從歷史上唐太宗與死囚的案例，看到其中的精髓。

在農曆過年前夕，唐太宗視察一座牢房，發現有一批過年後即將被處決的死囚，部分死囚向唐太宗透露死前想見親人最後一面的心情，沒想到唐太宗竟然一口應允，放全部的死囚回家過年省親，條件是過完年後要依約回來受死。沒想到過完年的期限一到，全部的死囚都準時回到監獄受死，唐太宗有感於這批死囚的信義與悔改，遂赦免他們所有人的罪，世人也因此稱讚唐太宗的仁德與寬容。

仔細分析以上這個案例，將發現這眞是一場各取所需、創造雙贏的大秀。對唐太宗而言，前不久爲爭奪皇位，在長安城玄武門殺掉了自己親生的哥哥和弟弟，世人在背後議論紛紛李世民的殘暴，因此，唐太宗李世民急需改變世人對自己的觀感，promotion 自己的仁德，而對這批死囚而言，應該也料想到唐太宗的想法，也預料自己若準時回去赴死，將有很大的機率可以獲得赦免，因此配合李世民演這場大秀，終於讓自己也免於一死。

不過，讀到這裡，很多讀者會開始問：「我已經知道秀到最高點必投其所好，但是我要如何更精確掌握到人們的需求呢？」

我認爲，心理學大師馬斯洛（Maslow）提出的人性需求理論，可以提供我們能夠精確抓住他人需求的最好參考。

用Maslow 分析別人要什麼

馬斯洛在一九五四年提出一個人基本上有五種層次的需求，分別是生理的需求、安全的需求、愛與隸屬的需求、受人尊重的需求，以及自我實現的需求。

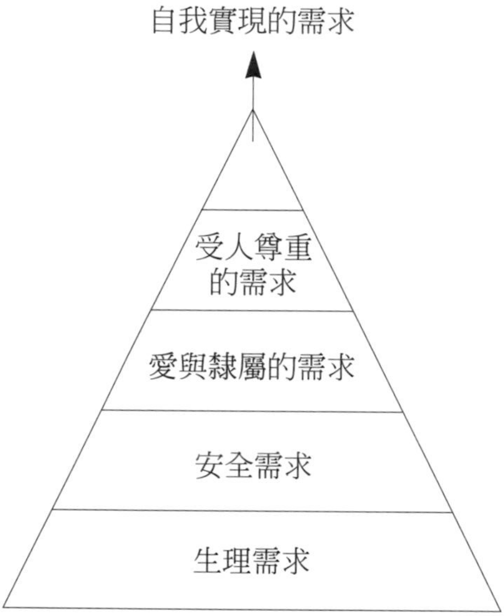

馬斯洛（Maslow）的人性五大需求理論

所謂生理的需求，就是指人類對存活、水、食物及性的需求；安全的需求，就是指免於生理上的傷害，以及心理上恐懼的需求；愛與隸屬的需求，即爲要求愛人與被愛，同時被接納又有歸屬感；受人尊重的需求，就是一種追求被肯定的價值感，而自我實現，指的就是每個人都有追求成長、發揮潛能的需求。

我們用馬斯洛的理論，來思考本章所列舉的案例，就可以發現這個理論確實有助於我們精確抓住他人到底想要什麼？

以「一億元台幣保單」的案例中的富豪而言，早已經脫離了「生理與安全需求」的層次，但是「愛與隸屬的需求」，則是一個可以思考的方向，因爲這世界上有錢但沒有家人、愛人的孤寒富豪比比皆是，案例中這位聰明的女保險業務員以「將遺產完全留給自己子女」的思考，提出保險可以避稅的功能，成功的打動這位只給他五分鐘的電子新貴，就是以這位富豪「愛與隸屬的需求」做爲出發點。

再以現代職場小劉與小胡鬥爭的例子來分析，小劉其實是抓住現任總裁最原始的「安全需求」以及「受人尊重的需求」，前者在於突出小胡才氣高過總裁，讓總裁產生可能有一天會被取代的危機感，後者在強調自己對比於小胡的忠誠與知恩圖報，充分滿足總裁「受人尊重的需求」。

而唐太宗與死囚的案例，則是雙方各自精準抓住李世民要受人尊重、死囚要活著的生理需求，演出一場創造雙贏的大秀。

秀到最高點，必投其所好，妥善利用馬斯洛提出「人性的五大需求理論」，將可幫助我們更精準抓到他人的需求，爲自己做最有效的 promotion。

第四章

找到生命的貴人

找到生命中的貴人（people）

相交滿天下，相知無半人？

一般人談到「人脈」，總會跳入兩個很嚴重的錯誤區，一是以爲認識吃吃喝喝的朋友、公司的客戶很多，就代表人脈充沛。二是認爲善於用利害關係牽動許多人幫你做事，就算是眞正有辦法。但有一天，眞正「代誌大條」、發生重大事情時，才驚覺相交滿天下，相知卻無半人。原本稱兄道弟的朋友，一下子全不見了，剩下的只有自己。

的確，這個世界上大部分的人都是錦上添花的，我並非說錦上添花不重要，事實上，一個人的事業想快速成長，就是需要別人錦上添花，所謂「花花轎子人人抬」，才可以讓你的事業更加成功。

一位長輩在回憶自己的奮鬥史時，令他印象最深的，就是在創業之初的艱困時期，爲了周轉一筆數額只有五十萬台幣的資金，嘗盡了人情冷暖，最後還是自己的老媽賣了房子才度過難關，那是他人生過得最辛苦、最有經歷的一段時間。現在回想起來，還會令他這個六十多歲的老人眼睛泛紅，不過，等到他事業平順時，他感嘆的形容自己賺錢的速度，就像是老天爺把欠他幾輩子的錢都一起還給他那樣。當初在最困難時期拒絕借錢給他的朋友們，後來都排著隊要求投資，他並沒有因爲記恨而拒絕，反而認爲市場的餅是越做越大的，有錢要大家賺，大家才會讓你賺更多錢。我這位長輩，現在已成爲台灣中部地方呼風喚雨的人物。

從這位長輩的案例，我們可以了解人脈有兩個層次的精髓。首先，一般人事業尚未發展、或是決定勝負的關鍵時刻，甚至是在落魄的時候，能夠找到生命裡「雪中送炭」的貴人，在我們生命中最需要人提攜的時候，給予一臂之力，才是人生最重要、最務實的人脈，而這樣的人，徵諸實際，通常不是來自於自己的父母、親人、師長，就是死忠兄弟。

其次是，當你開始有實力的時候，不要拒絕錦上添花的人，要妥善發揮「錦上添花」的妙用，「花花轎子人人抬」，這是一個講「人氣」的時代，先要有錢大家賺，大家才能夠讓你再賺更多的錢。

人脈不在多，有死忠兄弟一二足矣

管仲的死忠兄弟

春秋戰國時代，齊國的管仲，是個大家都很討厭的傢伙，與朋友做生意，也沒有出多大的力量，卻要分更多的錢，當兵戰敗，也是第一個逃跑的人。唯一的優點，就是他有一個有錢的死忠兄弟鮑叔牙，但管仲卻還常常佔好朋友的便宜，所以就更讓大家更看不起，絲毫沒有任何人脈，這樣的人應該一輩子不會有出頭天了吧？錯！管仲不僅出頭天，還輔佐齊國國君齊桓公成爲春秋戰國時代的第一任霸主，而歸根究底管仲成功的原因，就在於他的死忠兄弟、「講義氣不講正氣」的朋友鮑叔牙發揮了作用。

因爲是鮑叔牙說服齊桓公，寬恕曾經爲了幫助公子糾與齊桓公爭奪齊王王位，而設計暗殺他的管仲。鮑叔牙勸齊桓公，如果想當天下的霸主，就要拋棄私仇，拜自己的仇人管仲爲相，結果，齊桓公相信了鮑叔牙，管仲才得以「出頭天」。

影響你一生的關鍵人物，兩個就足夠

清末大商人胡雪巖生平往來人脈充沛，冠蓋滿京華，但是眞正影響他成功的關鍵人物，只有兩個人，杭州知府王有齡，以及湘軍名將左宗棠。前者幫助他站穩腳跟，後者則讓他事業更上層樓。

不過，胡雪巖與這兩個人，都不是以「利害」相交，而是以「義氣」相交，就王有齡而言，胡雪巖最初與他交往，正是王有齡落魄之時，當時還是錢莊伙計胡雪巖，冒著被炒魷魚的危險，慨然贈予剛收到的呆帳五百兩銀子，供王有齡打通關節做官，結果東窗事發，胡雪巖果眞被開除，最後甚至淪落到青樓當龜公，反倒是王有齡在得到胡雪巖的五百兩銀子相助後，鴻運大發，他在北京得到舊日同窗何桂清的幫助，順利當了浙江海運局坐辦，專門主管海上運糧的事，這在清末是一份很有油水的官職，這也意味胡雪巖押對寶了，「一人得道、雞犬升天」，胡雪巖也就有了再翻身的機會。

再來就是影響胡雪巖事業更上一層樓的左宗棠，胡雪巖與左宗棠相遇之時，正是左宗棠攻陷杭州城時，時值左軍缺量與缺餉問題嚴重，因爲軍隊吃不飽沒有力氣作戰，沒有發薪水更沒有心思賣力打仗，胡雪巖先不談利害，爲道義、爲殉城的好友杭州知府王有齡、更爲左宗棠，出錢出力解決這兩項難題，自然左宗棠將他以爲肱股，兩人從此結爲知己。

從胡雪巖的故事，我們可以了解眞正影響我們一生的貴人，不求多，兩個就足矣，而且這一定是以情義相交的朋友，而非利害相交。

貴人何處尋?就在你身邊!

很多人相當好奇，爲什麼我不到三十歲的年紀，卻比一般人多了許多歷練的機會，先是一退伍就擔任當時爲東莞台商協會總會長、台灣上市公司致伸電子中國區董事長葉宏燈先生的助理，其後又蒙受葉宏燈先生的提拔，以二十七歲的年紀就擔任一個擁有兩千七百多家台商企業會員、會員企業直接雇用人口達一百五十萬人的總商會駐會執行副秘書長。這段期間帶給我的學習與人生經驗的累積，等於是讓我又唸了兩次大學，因此，即使我現在已離開東莞，但仍始終視葉宏燈先生爲恩人的原因。

不過，爲什麼我會有機緣可以認識葉宏燈先生呢?現在想來，眞是覺得人生就像一場處處有伏筆的精采小說，其中的源頭貴人，竟然就是出自於一位從小與我一起玩到大、一起上舞會、一起泡馬子、一起幹壞事蹺課的死忠兄弟小凱。

小凱的夢想是當個室內設計師，我從來都不會想到他這輩子會和我的職業生涯有任何連結，但就在我從澎湖服完兵役回家的第二天下午，接到他打來的電話，在電話中他很輕鬆的告訴我，他有個世伯與東莞台商協會總會長葉宏燈很熟，就是那個在籌備台商子弟學校的富商，剛好他正需要一個助理，問我願不願意去歷練看看？

大陸當時就已經是全球製造業的中心與經濟新興地區，對一個剛出社會的年輕人而言，有這樣歷練的機會，自然是求之不得，只是這樣的機會竟然是由與我同年紀、專業領域毫不相關的小凱介紹，我眞的很驚訝。事後讓我更感動的，原來他與這位世伯也不熟，只是他父親的朋友，而他爲了要替我爭取這個機會，甚至與他父親吵了三次架，**push**他父親幫我，也因此改變了我的人生。

現在每次有人問我，要怎麼找到貴人相助，我都會回答：「好好對待你身邊的親人、好友，因爲你生命中幫助你最大的人，往往就在你身邊！」

掌握百分之二十的關鍵人脈

不管是死忠兄弟的相挺，或貴人的鼎力協助，一個人要獲致穩固、長期的成功，最終需要掌握百分之二十的關鍵人脈，這就是人脈的八二理論，也就是你人生百分之八十的成功，是來自於你認識百分之二十的人的幫助。

此外，也曾有研究企業經營獲利的學者研究發現，每家公司至少有八成以上的獲利，都來自於公司百分之二十主力客戶的貢獻，同樣的，在社會組織人脈關係上，即使有百分之八十的人喜歡你，但另外有百分之二十的關鍵人物不喜歡你，你在理想的路上還是會走得很艱困。

日本有部描述職場鬥爭相當有名的漫畫，書名叫《課長島耕作》，裡面就有一句話說——

作為一個白領上班族，靠自己的實力只能做到課長，至於課長以後，如經理、副總、總經理等職位，就只有靠「派系」與「運氣」。

上述所指的派系與運氣，可說就是指那百分之二十的關鍵人脈，這對於許多努力在自己工作崗位上的人，眞是一個殘酷的事實，但對於常常身處在赤裸裸錢權鬥爭中的老闆們來說，考慮選擇一個重要的事業夥伴時，「才能」永遠不是第一考量，「是否能爲他所用」才是首要條件。畢竟，對上位者而言，一個有「才能」，但「忠誠度」不夠、不能「爲他所用」的人，極可能只會變成日後可怕的對手而非助力，哪裡還會想到要提拔他？

活用錦上添花的人脈

天大的面子、地大的本錢

人脈雖說不在多且廣，掌握百分之二十的關鍵，加上有死忠兄弟一二足矣，但一旦我們發展事業有了基礎，相交滿天下的錦上添花，還是有相當大的妙用，商場上有句俗話說「天大的面子、地大的本錢」，指的就是這回事！古往今來最熟知箇中三味，並且運用自如的，恐怕當數清末豪商胡雪嚴。

胡雪嚴在開始籌辦自己的銀行「阜康錢莊」之初，由於身後有死忠兄弟王有齡的杭州官府相挺，聲勢看漲，當初許多在胡雪嚴落魄時不見蹤影的朋友，紛紛現身或請求投資或重修舊好，胡雪嚴一概不拒絕，因爲他深知對銀行而言，人氣就是面子，

「面子就是本錢」、「信譽就是銀行的核心價值」，面子越大，存款人的信心越足，當然銀行吸金也就更快，生意也就越做越大。

在胡雪巖不念當年落魄時的舊怨，廣結善緣下，甚至還帶頭幫杭州地區的錢莊銀行，分擔當時清政府攤派的四十萬兩官票，自然讓杭州的金融同業都心生感激，在阜康開業的那一天，都爲阜康「推花」壯大聲勢，所謂「推花」，是清朝銀行業的舊俗，就是每當有同行開業時，就從自家銀庫抬銀子存入同行錢莊捧場，因此，在阜康開張的那一天，櫃臺上的銀子推得如同一座小山般的高，與陽光相輝映，刺眼得讓人眼睛張不開，當時杭州流傳一句話：「金山銀海，抵不上阜康的櫃臺。」

胡雪巖巧妙利用了錦上添花的妙用，爲阜康得到了萬金難買的消費者信心。

虛張聲勢、借風行船

每次到一個董事長或總經理的辦公室，總不能免俗的，會看到這些老闆與當地政府官員，甚至是和元首級人物的合照，或是某某高官致贈的匾額等，似乎這樣就可以顯示這位主人政商人脈的充沛，與各種關係的良好，許多老闆甚至相信，這有助於提升客戶對自己公司的信心，進而有更大的生意可以合作。

清末豪商胡雪巖，正是玩弄這種政商遊戲的高手。在他的阜康尚未開張前，胡雪巖雖然已經有死忠兄弟王有齡杭州官府支持，但畢竟能撐的面子還是有限，若能得到更廣泛的官方支持，對於阜康日後的營運，必能藉由廣大消費者覺得阜康與官方密切的關係，以此借風行船、壯大聲勢，讓阜康錢莊的勢力更大、本錢更足！

但臨時要與這廣大的清政府官員打交道，並非易事，於是胡雪巖心生一計，決定走「夫人路線」，也就是事先把所有清政府相關官員的夫人，全都在阜康開了存款戶頭，並先行存入一筆小錢，再送去給這些官夫人，一來藉由蠅頭小利籠絡這些官夫人，二來，當時社會有「男人買錢箱、女人管鑰匙」的傳統，只要阜康能取得這些官夫人的信任，就能夠誘使官夫人把私房錢、箱底錢都存進阜康，最後，也是最重要的部分，就是要這些官夫人把錢存進阜康，胡雪巖會再給予優厚利息，這些官夫人在枕邊細語時，當然會說說阜康的好話。也因此，胡雪巖的政商關係更上一層樓，成爲中國史上最著名的紅頂商人。

第五章

經營良好的公衆口碑與印象

經營良好的公眾口碑與印象 (public opinion)

「屢戰屢敗」與「屢敗屢戰」

清朝中興名臣曾國藩在剛創立「湘軍」與太平軍抗衡時，每次都吃敗仗，曾國藩有次還因爲戰敗，氣憤的跳水自殺未遂，朋友去看望他，不巧看見他在寫給清皇帝的報告中，寫明自己是「屢戰屢敗」的人，朋友急忙叫他重寫，正色的說道：「我知道你曾國藩是個君子，絕不爭功諉過，不過，湘軍才剛初創，不管將領、還是士兵都沒有太多的實戰經驗，面對能征善戰的太平軍，打敗仗是勢所難免，但是若你創造外界一個印象，就是湘軍屢戰屢敗，老是吃敗仗，清朝廷將會對你失去信心，湘軍聲勢士氣，也會一直處於低迷狀態。」

這位朋友一邊說著、一邊就把曾國藩報告中的「屢戰屢敗」，神來一筆改為「屢敗屢戰」。

曾國藩看到，一時心領神會，連忙向這位朋友叩拜致謝，也因此後來的湘軍，給外界創造的公眾口碑與印象（public opinion），就是永遠打不垮「屢敗屢戰」的鐵軍。

經營好公眾口碑與形象，有時就是最好的自我行銷術，畢竟你吹牛自己多棒一萬句，比不上別人在外面說你好一句。

在曾國藩的案例中，他面臨的是湘軍籠罩在敗戰下的陰影，以及清政府當時對漢人不信任的險惡政治環境，加以皇帝處在一個資訊不充足的狀況下，最容易受到公眾意見的左右，所以創造一個「屢敗屢戰」打不垮的湘軍神話，正是曾國藩最需要經營的 public opinion。

表面功夫不可少、裡外兼備才叫好

形象管理（impression management）

小蔡是一家公司元老級的人物了，但升官總是輪不到他，在一次朋友聚會的場合，他知道了我正在寫一本有關自我行銷的書時，他感覺略帶淡淡哀愁的問我：「我從公司創立開始，就進入公司打拼，然後在現在的職位上待了七年，我就算沒有功勞也有苦勞、沒有苦勞也有疲勞，更何況大家都公認我工作起來是拼命三郎，但每次有升遷機會，老闆總是挑選其他年資比我淺的同事，甚至是空降部隊，想起來就很不爽！」

聽著他逐步高昂激動的語調，我回想其他朋友談小蔡的工作狀況。事實上，大家都很肯定他工作的努力與負責，如果對他有抱怨，就是每當他工作很忙時，脾氣會稍微差了點，有時容易把情緒轉移給其他同事，而且與同事長官較少交流，總是埋頭苦幹做事，當然老闆對他就不容易有印象。

因此，我建議小蔡，或許是要考慮做一下形象管理（impression management）的時候了，說白了，也就是該注意一下表面功夫。

曾有管理心理學家研究發現，在辦公室的人際關係互動中，事實上你是一個什麼樣的人，並不是最重要的，決定一個人的能力是否受肯定，除了在工作崗位上努力外，也需要留給外界一個良好的印象，而藉由適當的形象管理（impression management）來吸引他人的注意，以增進個人形象，就可以爲小蔡創造一個相當好的public opinion。

不過，當我說到這兒，小蔡卻突然變得更激動，他說：「難道苦幹實幹是不對的嗎？爲什麼一定要做表面功夫呢？」

這眞是個好問題，到底我們在工作時，該不該重視表面功夫，還是實力最重要呢？

我的答案很簡單，「桃李不言、下自成蹊」的時代早已過去，表面功夫與實力一樣重要，就像日本人的產品可以賣得好，除了品質以外，他們也很重視包裝，甚至於精美的包裝本來就是他們認爲產品品質的一部分，所以「表面功夫不可少，裡外兼備才叫好」！

做好形象管理的黃金法則

既要「衣裝」也要「心裝」

外在的穿著可以展現專業的感覺，台灣一家外資評比相當高的銀行總裁，就規定他的男性員工不可以穿白襪子，所有員工的制服均統一訂製合身、可以表現出專業性的西裝與套裝，因爲外表是給別人的第一印象，而超過九成的人會以第一印象來評斷，是否將與這個人有進一步的交往。

此外，一個人的形象，除衣裝外，更需「心裝」，也就是內心要有足夠專業廣博的知識來撐出個人魅力，這就是所謂的「知識美容」。否則，很容易被人看穿在精緻的外表下，包裝的只是一個「侏儒」的心靈。

樂於傾聽，表達尊重

辦公室就是一個小社會，各種喜怒哀樂、八卦流言滿天飛，當同事找你傾訴時，別忘了做個眞誠的好聽衆，因爲專心的聆聽的功用，不只是可以幫你接收許多崗位以外的新訊息，也能夠幫你贏得更多的友誼。

其次，面對辦公室的各種八卦、閒言閒語時，要表達對當事人的尊重，不要成爲另外一個「廣播電台」。沒有什麼比這種同事更令人感到窩心的，因此別人自然會覺得你是個值得信任的好夥伴。

講求團隊精神，習慣讚美別人

有一項管理研究發現，最受歡迎的同事是「有團隊精神、樂於助人」的人，以團隊的立場思考問題，而非以自己工作的需求作問題的切入點，並據此主動關心同事及主管的工作需要，這會讓老闆覺得你是從大格局看事情的人才，自然不會升遷無望。

此外，對於別人的工作表現，要習慣去讚美，這是東方人比較難做到的一點，我們可以回想看看自己上一次讚美別人是什麼時候？我們可以記得天天吃飯，卻忘記了人生最重要的精神食糧「讚美」。趕快開始習慣鼓勵及讚美工作夥伴，這會讓你成爲團隊中的啦啦隊長，使別人感受到你的溫暖與值得信賴。

表現具有抗壓力

最容易看出一個人到底有多大本事，就是看他在巨大壓力的環境下如何處理事情，若他能在壓力下，表現出高度的抗壓力，不僅自己沈著冷靜，也能帶給團隊成員安定與信賴的力量。

中國魏晉南北朝時，東晉名相謝安在面對敵人、前秦符堅的百萬軍隊壓境時，不僅絲毫未緊張，還與友人談笑自若下棋，直到前線傳來淝水之戰已經大獲全勝的消息，謝安才興奮的走出來，甚至踢斷門檻，這時周遭的人才知道其實他心裡有多緊張。

後世史家在評斷這段歷史時說，當時謝安面對的，是號稱軍隊多出他十倍的敵人，如果他展現慌張，很容易使已經相當浮動的軍心大亂，反而他一副胸有成竹的樣子，穩住了軍心，一舉擊敗軍隊組成分子相當複雜、人心各懷鬼胎的符堅軍隊。

也因此，大部分的老闆在考慮提拔什麼人時，「抗壓能力」往往是重要的決定指標之一。

不做有負面效果的表現

辦公室中常有些會導致負面效果的做法，應儘量避免，比如在他人面前不斷提及自己的工作成就，或者誇大自己的工作表現、常談論一些言不及義的瑣事，甚至沒有來由買禮物送給同事及上司，都會導致平時辛苦建立的形象毀於一旦。

漂亮離開是最重要的口碑

凡走過的，必留下痕跡。許多人在職場上兢兢業業、努力工作，擁有相當良好的風評，卻在要轉換職場離開時，晚節不保，留下一個壞名聲，甚至影響到自己下一份工作，得不償失，更何況「職場如戰場」，變幻莫測，你今日的同事，明日可能變成商場的敵人，剛剛的對手又可能變成下一刻的夥伴，所以職場進退之間，應該要謹慎處理，不但不能口出惡言，還要抱持感恩的態度。對於公司主管、曾經合作過的同事、當初決定錄用你的人，都要加以特別感謝他們曾經給予的協助。

美國網景〈Netscape〉公司創辦人克拉克，在他的《網景創辦人克拉克傳奇》書中提到，當初他決定要離開自己參與創立的某公司時，曾請教一位朋友，並得到以下的忠告：

未來的四、五個月中，必須要把所有的準備工夫做好。以最簡單、平靜的方式離開。首先，千萬別告訴任何人有關你的計畫，也不要隨處說公司的壞話。即使他是公司裡最親近的朋友，你也不能向他傾訴你認為公司行政管理層面，有多麼差勁……

雖然克拉克有照這些建議去做，但是，他也承認要壓抑自己，不再批評公司，是件不容易的事。

不過，也因此克拉克做到漂亮離開，爲自己建立良好的口碑，日後在建立網景公司時，也能「得道多助」。

打造自己的影響力

經營 public opinion 的最高段，就是打造自己對公衆的影響力，有句名言說：

一個人成功的鑰匙，在於他的影響力，而非職權。

的確，在這個權威解體、誰也不怕誰的年代中，想說服某個人，其實還不如影響某個人簡單有效，況且時至今日，幾乎沒有一個人爲某人賣命，只是因爲懼怕某人的權勢或職位，反而是爲了一份信任、理想與歸屬感，概括而言，就是某人的影響力。

台灣中研院院長李遠哲，事實上只是一個學術研究單位的首長，對於行政上的權力可說完全沾不到邊，也沒有參加過任何選舉，但台灣沒有一位政治人物會小看他，因爲他在台灣的言行，甚至可以左右總統大選的選情，主要關鍵就在於李遠哲對台灣民間的影響力，而這種力量的泉源，根本不在權力的大小，而在於台灣民衆對李遠哲學者清流形象的信賴。

影響力構成三要素

你想要得到這種影響力嗎？首先，我們要先了解打造影響力的關鍵三要素：

首先是要具備專業，其次是實現遠景的信念，以及擁有獨特的個人魅力（charming）。

因此，我們想打造自己的影響力，就必須先增強自己的專業基礎方面努力，有了堅強的專業，才能讓別人對你的決策與判斷產生信任感，就像電視節目上，常常找醫學專家爲某種藥品作廣告背書，就是要利用這些專家的專業能力，產生對消費者的影響力。

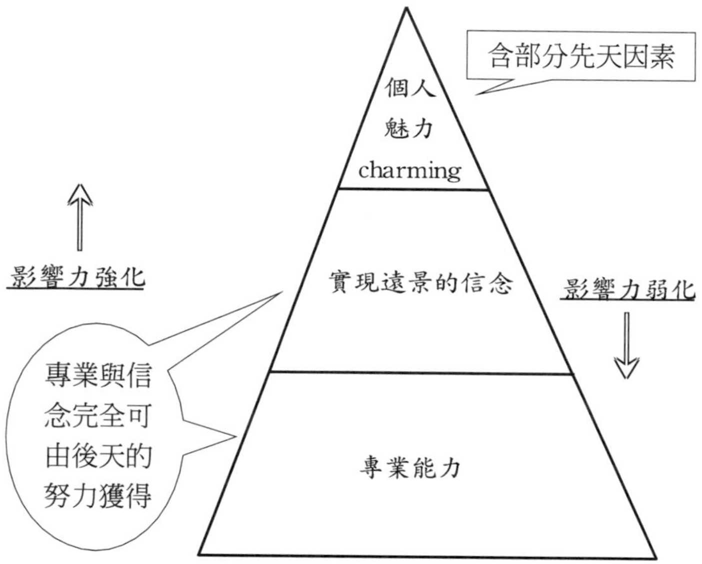
含部分先天因素
個人
魅力
charming
實現遠景的信念
專業能力
影響力強化
影響力弱化
專業與信念完全可由後天的努力獲得

影響力強弱三層圖

其次，就是描繪遠景、實現遠景的信念，有點類似革命家、宗教家傳達使命的熱情，也就是藉由自己堅定不移的信仰，獻身奔走事業，讓大家有勇氣、動力追隨你的方向，比如，摩西過紅海，窮數十年之力，尋找那上帝應允猶太人的充滿蜜與奶的聖地以色列，就是個好例子。「專業能力與實現遠景的信念，是完全可以經由後天的努力獲得的，而且這兩者也是個人獨特魅力的重要基礎之一」。

至於個人獨特的魅力，除了與專業及實現遠景的信念有極大的關連外，還參雜一種筆墨根本就難以言喻的天生領袖氣質，有時這種魅力散發出來的影響力，甚至遠遠超過專業與描繪遠景，所以我必須坦承，這不是每一個人都能輕易擁有，但是我們仍舊可以從一些名人的故事中，尋找出創造魅力的軌跡。

李將軍的前線演說

美國南北戰爭中的名將李將軍，就是一位這樣極具影響力的領袖人物，因爲有他，美國南方聯邦才能在資源、人力、軍隊裝備都不如北方的狀況下，苦撐了四年。

李將軍的影響力，除了軍事上的專業及戰略上的天才，贏得部屬的信賴與折服外，深具獨特的個人魅力，更是讓部屬願意在疆場上拋頭顱、灑熱血的重要原因。在南北戰爭中最慘烈的一場荒原戰役開戰前，李將軍依慣例檢閱部隊，但他卻反常的不發一言，只是把軍帽脫下，走過部隊每一個士兵的身邊，眼眶泛滿淚水，因爲他知道經過這次戰役，他將失去許多弟兄，而就在他轉身靜靜走開的那一剎那，部隊士兵突然發出吶喊聲，大家都願立誓效命沙場、拼死作戰，只因爲李將軍眞的重視每一個士兵的生命，大家都因他的關愛之情而動容。

從李將軍的故事，我們可以得知：

創造讓人追隨的獨特魅力，其實是有跡可尋的，首先就是要讓每一個人感受到你對他們的重視！

奪得芳心的秘方

小趙是朋友中公認最木訥的一位，但他卻能追求到一位幾乎可稱得上「人間少有、世間極品」的美女當老婆，大家無不嘖嘖稱奇，紛紛請教小趙奪得芳心的秘訣，不過，他總是笑而不語，最後，大家只有逼問這位大美女，到底爲何會在這麼衆多優秀的追求者當中，選擇了並不特別傑出的小趙？

這位大美女在羞怯中說，其實也沒有什麼特別的原因，只是小趙每次送她回家門口，不像其他男生車子一開就走了，他總是要看著她踏進家門、沒去身影後才慢慢離開，這使她覺得很溫暖，而且感受到小趙眞的很重視她，甚至離不開她，所以她最後選擇了小趙作爲她一生的伴侶。

原來要得到一個人的心，首先要讓對方感受到自己對他的重視！

記住每個人的名字

美國總統的專業幕僚群中，有一位幕僚的工作內容，就是專門替總統記住每一個人的名字，然後每當總統在遇見某人之前，這位專責幕僚就會先一步提醒總統某人的名字。而那位被總統叫得出名字的仁兄，也會因總統竟然會記得他，而雀躍不已，進而更堅定對總統的支持。

記住每個人的名字，是尊重一個人的開始，也是創造自己個人魅力的第一步。

我畢業於一所天主教大學，我的校長讓人印象最深刻的，就是可以叫出每位他見過的教職員工、學生的名字。我還記得我大一只曾經修過這位校長一堂課，而且並不特別傑出，但沒想到在三年後的畢業典禮遇到校長，他竟然叫得出我名字，我始終記得那時又驚又喜的感覺，當時我就決定，如果畢業後有一天我發財了，我一定會響應母校的募款活動。因此，我也從那時候開始嘗試記住每個人的名字，因爲我也希望有一天我也能夠帶給別人相同的快樂！

小人物雖成事不足但敗事絕對有餘

小柯家裡世代經營製作聖誕節禮品的傳統產業，七年前台灣產業面臨轉型，小柯家裡工廠面臨勞動成本提升的壓力，在思考下一步路該如何走的關卡時，剛好有朋友同業在廣東東莞設廠，經營得還不錯，於是小柯家工廠就轉移到東莞，結果總體成本下降百分之五十，而且因爲人工、物料比台灣相對便宜，小柯東莞工廠整體規模比台灣快速擴張了五倍，出貨量更大。

不過，因爲聖誕禮品製造業是一種淡、旺季的訂單、出貨量差別相當大的行業，所以小柯往往在旺季時大量雇用工人，在淡季時，爲節省成本就盡量裁減工人，而且因爲工人都是臨時工，所以小柯並沒有花太多心思去關心他們的生活、福利，造成小柯在工人心中的 public opinion 很差。

在以往這本來沒有什麼問題，因爲當地政府爲了招商引資，對於勞工問題根本就張一隻眼、閉一隻眼，而當時的農民臨時工，也比較沒有保障自己權利的意識，所以也就沒有發生什麼事情。

但近幾年來，東莞經濟環境產生重大的變化，勞工保護意識也有比較大的提高，可小柯沒有察覺到大環境的轉變，就在去年一次資遣勞工的活動中，有工人向小柯抗議工廠沒有按照勞基法來給付，小柯並不以爲意，反正他覺得自己跟當地政府書記都熟得很。不過，沒有想到這位工人竟然投書到廣東某報紙，抗議小柯剝削勞工，這下事情可鬧大了，因爲中國政府最在意「群衆影響」，現在竟然有媒體報導了，當地政府當然下令徹查，小柯原有的官員好朋友也一夕之間「變臉」，畢竟小柯工廠已經不是中國官方招商引資的重點產業了，再加上現在又惹上輿論，誰要爲小柯出頭冒這個險？

最後小柯工廠因爲被不勝其煩的調查干擾生產，無法配合外國訂單時間出貨，最後終於導致停產停工的命運，還要賠一大筆違反勞動法的罰金，得不償失。

由小柯的這個案例，我們可以了解，小人物雖然成事不足，但重點在敗事絕對有餘。美國總統、大學校長之所以要重視每一個身分低微的人，甚至還記住他們的名字，不是沒有道理的！

重視每個人不代表要取悅每個人

創造個人獨特魅力，增強個人影響力，首要重視每個人，但並不代表生活中要取悅每個人，事實上，這也是不可能的難題，因爲一個人做每件事總會有各種正反不同的說法，就像「父子騎驢」的故事一樣，兒子讓爸爸騎驢，路人說爸爸眞沒父愛，讓兒子走路；爸爸讓兒子騎驢，有人卻說兒子眞不孝，讓爸爸勞累；父子倆一起騎驢，又有人說他們眞沒愛心，虐待動物；那乾脆都不騎，沒想到又有人說，有驢不騎，眞笨！

我們必須承認，我們無法取悅這世界上的每一個人，事實上，真正有影響力的人物，也無法讓每一個人都喜歡，因此，最好的辦法就是憑良心做事，呈現真正實在的自我，坦然接受各種批評，並且心存感謝，因為當別人開始批評你，正意味著你已經有影響力了，而具有影響力的人，才會有人去批評，沒有人會有時間去踢一隻死狗。

第六章

建立自己的表演舞台

建立自己的表演舞台（place）

棋子不能離開棋盤，將軍不能失去戰場

清朝洋務運動的主角人物恭親王，曾經在一次的政爭中，心灰意冷，萌生退出政壇的意念，他遠到北京近郊的一座名寺，求教於一位高僧，不過，這位號稱得道的老和尚並沒有多說什麼，只是笑而不語，要恭親王定下心來，陪他下盤棋。

就在棋戰方酣之際，這位高僧突然拿著手上的棋子問恭親王說：「這是什麼？」

恭親王滿臉狐疑的回答：「是棋子啊！」

高僧又把手中的棋子，放在棋盤外，問恭親王：「脫離了棋盤的棋子，還是棋子嗎？」

恭親王對高僧的提示立即了然於胸，原來恭親王之所以爲恭親王，是因爲他處在滿清的政治圈中，要是他脫離了政壇，恭親王也就不再是恭親王了，所有讓中國民富兵強的夢想，也就永遠沒有了著力點。

想到這裡，恭親王起身拜謝高僧，他明白了——

棋子不能脫離棋盤、將軍不能失去戰場，恭親王也必須在棋盤上，恭親王才會是恭親王，他才能擁有揮灑的戰場。

從恭親王的例子，我們可以了解，再勇猛的將軍失去戰場，也是徒然，換言之，想做好 marketing yourself，把自己賣個好價錢，就必須要有表演的舞台，也就是一個可以實現自己理想的領域，失去了舞台的人，慢慢就只會活在別人的記憶中，然後成為歷史的一部分。

不過，這也是爲什麼古今中外多少英雄豪傑晚節不保的原因，因爲害怕被遺忘，所以更要拚死抓緊權力，以保住表演舞台，但權力使人腐化，最後導致更悽慘的下場，所以說，上台靠機會，下台靠智慧，進退取捨之間，如人飲水，冷暖自知。

專業、快樂與人生價值的職場舞台

專業在那裡舞台就在那裡

小張是我在廣州工作的一個台勞朋友，他在一家大型台商電子公司當廠長，每次有人問他爲什麼要到大陸？

他回答的都很爽快，那就是，對於他們從事 opreation，擔任工廠的專業經理人而言，台灣已經沒有舞台，他只有到大陸才有得到充分發揮的機會，這裡沒有環保問題、沒有工人抗爭，生產量可以輕易擴充到原來台灣的十倍。

況且，面對每月小孩的補習費、老婆的生活費，小張摸著微禿的頭髮，微笑對我說：「所以我不遠千里到大陸，因爲這裡讓我的專業有發揮的空間，而且能滿足我錢與權的追求，讓我對未來有拚搏與追求的熱情！」

的確，專業在哪裡，錢與權的舞台就在哪裡。小張引領我參觀他工廠時，我可以看到三十幾歲的小張，似乎又重新燃起十七、八歲對生活的衝勁，尤其是當我看到小張在介紹他那六百人的生產線，與胸圍三十八D的女秘書時的表情，這樣的感覺就更強烈。

舞台上沒有永遠的主角

今年三月，我在一次聚餐中，又再遇到小張，他意氣風發的外表下，似乎多了好幾重的心事，他告訴我，他升官成為大陸公司的副總經理了，我立刻跟他恭喜，但心裡疑惑更深，既是如此，應該人逢喜事精神爽，為何反而感覺心事重重？

酒過三巡後，小張終於打開心房告訴我，他離婚了，此外，關於升官，也沒什麼好恭喜，因為那是「明升暗降」，公司準備要炒掉他的前奏，他本來生產線廠長的位置，在本土化以降低成本的策略下，由大陸籍同事擔任，現在他的副總職位，沒有任何實權，唯一的工作，就是當新廠長的顧問，遲早會被裁掉。

實際上，到大陸當台勞眞的沒有想像的容易，大陸目前在全球產業分工的架構中，已是屬於「世界性的製造基地」，再加上未來潛在的廣闊市場，已經吸引全世界的外商前進大陸，當然也帶動全世界的人才往大陸匯集，所以任何一個到大陸工作的台勞都會發現，在上海面對的國際競爭，事實上並不會比台北小，同時還要提防被素質日益提高的大陸人才取代，但回到台灣又不一定有工作機會，可說是前無退路，後有追兵。

此外，台籍幹部目前薪水的比例，已經由六年前台灣的雙倍，到今天的一點六到一點二倍之間，待遇上已大不如前，但能在台灣吃路邊攤的台勞，到大陸不一定會願意去吃大陸的小攤子，因而賺的多、花的也多，如果又不小心染上夜夜笙歌、金援大陸婦女同胞的習慣，可能讓許多台勞到大陸存錢的願望破滅。

此外，台勞在心情感受上，是同時屬於兩岸，又似乎不屬於兩岸，在兩岸都被歸類爲遲早要回去的人；在大陸時，牽掛台灣的親人，在台灣卻又記掛大陸的事業，不管在那一邊，最常被問到的一句話就是，「你什麼時候回去？」

小張原本在自己表演舞台的角色，已經逐步由主角到配角，甚至在可見的未來，將有失去舞台的危機。

小張對此非常的不平衡，因爲他到大陸工作，可說爲公司是全天候二十四小時的賣命，幾乎沒有生活，而且一有休假就直接回台灣，原本當初打算去蘇杭或西安等大陸名城旅遊的計畫，都全部落空，工作三年來，唯一熟悉的路線，就是從工廠到飛機場的沿途風光，但最後公司卻還是要炒他魷魚，而老婆則堅持與他離婚。

小張的例子，給我兩個重要的思考方向。第一，目前的專業並不能保證自己是舞台上永遠的主角。當初小張離開台灣到大陸爲的是尋找事業更大的新舞台，但他的專業能力並沒有持續提升，所以總有一天他還是會被取代！

所以，終生學習才是保障職場舞台的唯一良方。對於小張的狀況，我坦率直言，台籍幹部以在台灣的專業到大陸尋找人生更大的舞台，只是將自己置身於國際人才競爭市場的第一步，還是需要更進一步的學習，以增強自己的不可替代性。

其次，人生的職場舞台除了與專業連結外，是否仍要結合快樂與人生價值？否則，在日後暮然回首前塵往事，不免會像小張一樣，覺得爲誰辛苦、爲誰忙？

東京快遞的啓示

尋找搭建自己人生的舞台，首先要結合自己的專業，這是一件很容易理解的事，因爲只有在自身的專業領域，自己才最具備競爭優勢，但是要結合快樂及人生價值，一定會有不少人說，「這太難了，我唯一的樂趣就是泡馬子，難道叫我去當龜公？又還要結合人生的價值，我實在看不出來朝九晚五的工作，能夠有多少人生的價值？」

以上這些說法都沒錯，但是工作結合快樂與人生價值，有時是要用心去慢慢體會的，別說這不重要，因爲這正是讓你能夠長久堅持在一個工作崗位上的動力。

我曾看過一齣日劇「東京快遞」，恰好就描述一位剛失業的上班族，被迫去做騎腳踏車送快遞的工作，最後從中尋找到快遞工作帶給她樂趣與價值的故事。

故事剛開始說，雖然快遞這份工作也可以運用到她以前的專業行銷知識，但自從做快遞以來她都不快樂，因爲她總覺得這個工作主要還是是出賣勞力，沒有價值的，一直到有一天，她接到一個醫院病人朋友的包裹，限定要在當日下午三點前送到車站，給這位病人的女朋友，接件時，距離三點鐘已經沒有多少時間，她也不清楚這包裹裡面裝什麼，只是又如往常在抱怨中上路了。

結果到了三點鐘，她還沒到車站，但她想遲幾分鐘應該沒有關係，沒想到這時包裹裡卻傳出了手機鈴響的聲音，原來這是醫院病人要勸他女朋友不要離開的手機電話，要是他女朋友錯過這個電話，很可能就離開東京，回鄉下跟別人結婚了！

她心裡非常震驚，立刻使出吃奶的力氣狂踩腳踏車，終於把包裹及時送到他女朋友手上，看著他女朋友取出手機，聽到男朋友聲音感動而流下的眼淚，這位女快遞剎那間，感受到這份工作可以帶給她的快樂及價值。

先肯定工作本身才能找到工作的快樂與價值

東京快遞的故事，傳達給我們每個人一個重要的訊息，只有先肯定自己的工作，才能找到工作能帶給我們的快樂與價值。

我的父親從事對日貿易三十年，專門賺日本人的錢，長期來往中國、香港、日本三地，有一日，他語重心長的對我說，將來中國年輕人的問題將出在「想做大事的人太多、想做小事的人太少」，父親進一步說明，這其實與社會歷史傳統觀念有關係。他說，在美國與日本社會裡，一個人不管做什麼職業都可以得到社會充分的尊重，在美國即使是一個園丁，也可以堅持自己的專業與自信，從中得到快樂與人生的意義；在日本，一個人可以終生只研究如何讓「天婦羅」這種食品炸得更好吃，而得到社會的重視與表揚。

不過，在華人世界，「萬般皆下品、唯有讀書高」、「士農工商，工作有貴賤之分」的觀念依舊影響人心，造成現在年輕人想做大事的人很多，願意爲小事奉獻的人少，這除了不利於一個多元化經濟社會的健康發展外，也讓大部分的人無法藉由肯定自己的專業，進而從工作中得到快樂與人生的意義。

值得拚搏一生的舞台

我在澎湖服兵役時，有一位戰友是澎湖人，家裡世代是漁民，在一次閒聊中，我得知他的爺爺與父親都因爲遠洋捕魚死在海上，我問他退伍以後想做什麼？他憨直的回答：「還是捕魚！」

即使是他爺爺、父親都是死在海上，也不會改變他的決定。事實上，他專科唸書都是在台北，也有機會在台北工作，但他始終覺得台北不是他的根，他只有看到那片大海，心中才有無可言喻的一種歸屬感。

而且，他家世代的專業技能就是捕魚，而海洋就是身爲一個漁夫最大的舞台，只有到海上才能充分發揮漁夫的技能，才能感受到收穫的快樂，而且漁夫的人生，本來就該結束在海上才有價值，所以他願意在海上拼搏自己的一生！

聽到他說這段話時，他正望著澎湖那片被陽光照耀著如黃金般的海面，我想，能夠在自己的專業領域中，找到自己喜歡的工作，而且從中發現人生價值的人，眞是很幸福！

雖然這有點八股，但我還是要提醒每個正努力尋找搭建自己人生舞台的人，只有結合自己的專業、快樂及人生價值的舞台，才是值得一生拚搏的！

勇敢卡位（position）

寧願躲在勞斯萊斯裡面哭，也不要在天橋底下假裝快樂

任何一個社會的組織結構，幾乎都是金字塔型的，越到頂端位置越少，但是同輩競爭的人並沒有變少，即使是一個已經爬到組織頂端的人，也會隨時擔心自己或公司會不會有被取代淘汰的一天，面對這樣真實又殘酷的職場狀況，有些人選擇參與鬥爭壯大自己、有些人選擇瀟灑離開，另覓發展新天地，但無論如何，大部分的人，就像過河卒子有進無退，勇敢向上卡位。

不過，三十五歲的小曾或許是個例外，他告訴我，他已經厭倦台北職場的鬥爭，決定帶老婆、小孩回老家南投休一段長假，過過田園生活，我看他在興頭上，也就沒

有多說些什麼，只是笑著跟他打賭，半年後他一定會回台北，重新投入他曾非常厭倦的職場鬥爭。

結果我輸了這個打賭，因爲他才「三個月」就決定回台北了，理由很簡單，沒有了上市公司協理頭銜的小曾，雖然帥勁依舊，而且還願意多花時間陪家人，但就是似乎失去了點風采。

畢竟，對一個中年男子而言，長得帥、體力保養的很好又怎麼樣？如果沒有相對應的面子、權勢地位、尊嚴及成就感，還是會覺得不快樂，而那些漂亮妹妹看他還是屬於「怪老頭」。此外，不知道是否是給女兒的零用錢沒以前那麼大方的緣故，他覺得剛升國一的女兒，根本也沒有像所謂那些家庭輔導專家說的，那麼需要他陪伴。

老實說，小曾這種感覺與教科書中、部分社教節目裡所告訴人的情節不大一樣，但他似乎開始理解，爲什麼四年前被他踩得死死的，沒有辦法升協理的黃經理，會拋家棄子的到上海尋找事業第二春；爲什麼當他決定留職停薪回南投休息，應該是哀傷氣氛的同事送別會，每個人感覺其實還是有點「小高興」。他開始明白一個道理，就像金庸武俠小說中一直想退出江湖的令狐沖，最終還是捲入江湖一樣，因為人就是江湖，江湖就是人，他想退出職場畢竟不可能。

所以，小曾出人意料的，三個月就結束他的「長假」，回到他曾厭倦的職場，而且我聽說，小曾做事出手比以往更加兇狠犀利，並且當對人提到他這段心情故事時，說了一個朋友間至今仍傳誦的名言：「寧願躲在勞斯萊斯裡面哭，也不要在天橋底下假裝快樂」！

加強專業與轉移有利戰場

「卡位」，也就是爭取位置（position）的意思，有一個好的位置，也就是俗稱的「肥缺」，就意味著擁有一份好工作、更多的薪水與權力，以及眾人的肯定與羨慕，這說來有些俗氣，但卻是千真萬確的。

因此，爭取一個好位置，勇敢卡位，事實上就是本書「把自己賣一個好價錢」的過程中，一個相當重要的階段任務。

卡位分兩種，一種是藉由不斷增強自己的專業實力，增加自己提高身價的籌碼，為自己爭取到比現在更好的位置，另外一種則是自己的專業實力雖然沒有成長，但藉由轉移到更有利的戰場，創造自己在職場上的稀有性，以爭取更有利的位置，譬如很多在台灣產業界幹到副理職位的人，紛紛選擇轉戰職場到大陸，因為在那裡，他們可以有機會擔任更高的職位，如經理，甚至是副總級以上的肥缺。

不過，這兩種卡位的方式，其實是可以交互運用的，因為第一種增強自己實力與專業，在任何時候都是增加自己不可替代性，提昇自己職位的最好籌碼，而後一種轉移到有利的戰場，在經濟全球化的浪潮下，個人的職場也已經全球化的狀態下，早已成為一種常態，事實上，台灣民眾也早就做到這點，因為所有有商機的地方，幾乎都看的到台商的身影，甚至在世界屋脊青康藏高原，我都曾遇到過一個專賣氧氣筒的台商。

增強專業、轉移有利戰場，這兩種卡位的方式，都可以有效創造自己在職場的稀有性，並能有效延續職場生命，甚至藉由更大的市場規模，爲自己創造更大的利基。

勝利女神只眷顧勇敢迎向它的人

一般人放棄「更上層樓」、「卡一個好位」的理由有兩個，第一，捨不得放棄現有確定的職位、薪水、工作環境等帶給他的安全感，第二則是，認爲自己還沒有準備好，還不夠格。

而不管是屬於哪種理由，背後共同的憂慮，其實就是害怕「失敗」！

首先，就前者而言，大部分會有這種擔憂的人，多是已有恆產、家人，在目前工作上稍有根基者，要他們放棄現有不錯的薪水、有點虛榮的頭銜以及已經很確定的一切事物，投入充滿不確定性的未來，眞的是有點難。

再就覺得自己還沒準備好面對機會的人而言，我坦白講，這個世界上永遠沒有等你準備好再來的機會，就像所有戰場上的常勝將軍，都是在戰爭中學戰爭，同時，年輕人最可貴的，就是爲夢想獻身的熱情，不管這個夢想達成的機率有多低。

而且，如果大家都等著有十足的把握準備再行動，歷史上就不會有孫中山的國民革命了，因爲當初他決定要獻身革命、創立興中會時，只是一個二十出頭，號召力與知名度都不夠的年輕人；也不會有世界首富比爾蓋茲，因爲當他決定創業時，他連大學都沒有畢業，同時，也不會有你現在在讀的這本書，因爲我只是一個連博士學位都還沒拿到的小研究生。

當然，每個人對風險的承受度不同，但有件事是千眞萬確的，就是勝利女神只會眷顧勇敢迎向他的人，我們面對成功的機會，如果只因害怕後面可能帶來的失敗就放棄，其實是件相當可惜的事情！

有「紫禁城第一女台商」稱號、大陸網易前任首席營運執行官陳素貞就分析過，美國爲何能成爲世界超強國家的祕密，就在於他們教育國民「不怕失敗」的觀念，而且尊重、甚至鼓勵每個人擁有「失敗的經驗」，認爲這就是將來個人會成功的基礎。反觀華人世界，雖然也有「失敗爲成功之母」這句話，但在許多人從小受教育的經驗中，失敗不但意味可能招致處罰，而且還是羞恥、不能公開的，這就導致國民怯於嘗試及承擔高風險，當然也就享受不到高報酬。

勇敢卡位柳暗花明

Tom 與 Tony 分別是台灣某大媒體著名財經記者，幾前年台灣網路原生報「明日報」誕生時，台灣新聞媒體界曾有一段大規模的跳槽風，而像 Tom 與 Tony 這樣的紅牌記者，當然也都暗中得到熱情邀約共創未來網路報的美好前景，而且提供他們更好的薪水與長官的職務，這時 Tom 與 Tony 在掙扎中，分別有不同的考量，Tom 的想法是認爲網路報當時還是一個實驗性的東西，爲了多兩成的薪水冒這個風險似乎划不來，而且現在他所在的公司，畢竟是個大媒體，社會影響力夠，當然他寫的文章也會較受重視，因此，他選擇留在原單位。

不過，Tony則有另外的看法，他認爲網路實驗報是個全新的東西，從中應該可以得到更好的機會與學習空間，而且他長久以來一直習慣單兵作戰的方式，現在去明日報有機會擔任主管職，自己帶一個小組，將是很好的歷練機會，Tony對自己要的東西很清楚，而且他也憧憬網路的未來，所以他選擇勇敢接受這個機會。

結果，明日報在二〇〇〇年結束了營業，Tom暗自慶幸自己當初的選擇正確，而Tony則銷聲匿跡了一段時間。直到最近，我偶然在一次聚會碰到他，拿到他的新名片，發現他竟然變成台灣一家知名傳統媒體所屬網路電子報的高級幹部，我開玩笑的跟他說：「我以爲東方不敗已經退隱山林了，沒想到竟然這麼快就風雲再起了？」

Tony則笑著說，「就算是要遁世之前，也要先揍你一頓，因爲是你告訴我要勇敢卡位的。」

Tony說這句話時，可能不知道我正準備要出這本書，不過，他很快發現我臉上的尷尬，立刻轉而認眞的說，其實明日報剛結束時，他的確難過一段時間，可他很快發覺自己在就業市場上，不但算不上失敗，反而更有競爭力了，因爲他除了豐富的網路新聞採訪經驗外，他還具備了網路公司的「實操」及「帶領團隊經驗」，而「明日報」雖然結束了，並不代表網路電子報失敗。相反的，網路電子報標榜的即時、與讀者互動，以及如何壓縮人事、經營等成本的經驗與人才，很快就被逐步準備e化的傳統媒體吸收，他勇敢卡位的結果，竟然柳暗花明，帶給他的職場生涯更寬闊的舞台，這可能是當時決定放棄卡位機會的Tom所始料未及的。

第七章

不景氣也能自抬身價

不景氣也能自抬身價（price）

自我提升與策略聯盟

這個世界上，眞正比自己聰明的人，只會有百分之五，而比自己笨的人，也只有百分之五，我們可以用什麼理由去說服人，我比別人有更高的身價呢？

其實，方法只有兩個，就是「自我提升」與「策略聯盟」。

前者是讓自己回歸專業的基本面，也就是加強「自己」這個產品本身的競爭優勢，後者，「策略聯盟」就個人而言，就是藉由與夥伴、partner 的結合，整合彼此的資源，使自己的綜合能力可以更加的擴展。

柯君曾經是一位房屋仲介市場超級業務員，手上有不少大戶級的客戶，在房地產行情狂飆時，因為柯君建議客戶買的房產幾乎都能大賺錢，那時候他可說是被這些大戶級，尤其是闊太太客戶捧在手心裡，一星期七天都被邀約到處看房子。不過，最近這幾年台灣股市屢創新低，房價更是跌到谷底，柯君的客戶都對買房子抱持觀望的態度，這時，即使柯君長得再帥，那些闊太太接到他的電話依然無動於衷。當然，柯君的業績也就大幅萎縮，最慘時，有連續三個月就只領底薪兩萬八千塊台幣的紀錄，比起行情好時月入數十萬，真是不可同日而語。

面對這樣的窘境，柯君記取一位外號「彭大砲」的朋友（就是我）曾說過的一句話：越是不景氣時，投資自己就是最好的投資。

所以柯君趁這個時候上一些增強自己專業行銷知識的課程，以自我提升，同時充實股票、基金、債券、保險等相關金融產品的知識，發展第二專長，同時每週定期傳眞給客戶一些市場行情概況與好的投資case，最起碼先得要維繫舊有客戶的關係。

這樣黯淡的歲月沒過多久，便逐漸有客戶回籠打電話問他最近房地產行情如何，同時，在與客戶閒聊的過程中，他有一個重大的發現，那就是有許多客戶受到「上海熱」的影響，紛紛想賣掉手上多餘的房子前往上海投資當台商，但由於台灣房市低迷，一直苦於無法脫手。

這時的柯君突然靈機一動，何不讓客戶積壓在房產的資金可以流動？也就是說，不一定是要藉由買賣，如果能協助客戶在房市不景氣時，用房子向銀行貸款取得資金，不但可以提供客戶進行各種投資，另外一方面也能等待房產市場景氣的回春，再將房子賣出。所以他開始結合自己在銀行金融界的朋友、同學進行「策略聯盟」，爲客戶賣不掉的房子辦理「理財型房貸」，最後甚至結合證券、基金、保險的專家朋友，聯合提供客戶最好投資組合的服務。

柯君不僅因此賺到不少的佣金，而且在與策略聯盟夥伴共享客戶的結果後，柯君的客戶量不僅沒有減少，反而增加，不景氣時有如此表現，柯君在公司的身價當然也就水漲船高了。

個人身價發展策略表

不過，許多人還是會問，你講的這些都是老生常談，有沒有什麼更具體的策略，讓我們能更清楚如何在不景氣中，訂定最好的個人身價發展策略？

就柯君的案例而言，其實我們已經可以了解，在不景氣時代也可以有「鹹魚翻身、自抬身價」的軌跡。

我特別把它整理成「個人身價發展策略表」，供大家更深入了解如何規畫個人身價發展策略。

這張表主要說明四件事，第一件事，每個人在自己原有的專業與服務的產業上，

個人身價發展策略表

個人專長與所在位置	所在產業	新產業
原有專業領域	時時自我提升	發展策略聯盟
發展第二專長	增加競爭優勢	競爭風險加大

都要保持一定的危機意識，時時自我提升。以前述柯君的 case 爲例，柯君所在的房地產仲介業，現正面臨不景氣的循環，早已沒有從前的好光景，然而對於柯君而言，他的工作雖是賣房子，但他很清楚自己的專業領域是銷售、是行銷，他並沒有因爲所處產業的不景氣，就否定自己的專業，反而尋求進一步提升自己的專業知識，因爲只要是行銷，賣房子與賣火柴盒是相同的一件事，這也是能保證自己在同一產業中不會被淘汰的不二法門。

第二件說明的事，**在現有產業領域中，發展第二專長，可以增強自己的競爭優勢。**在柯君的案例中，他還充實自己相關金融知識，發展第二專長，也因此當遇到市場大環境不景氣時，客戶面臨房子賣不出去，資金套牢在房產上的壓力時，柯君能觸類旁通，想到用「理財行房貸」解決客戶套牢房產的壓力，等待房市景氣的回升。

同時，糾結自己在不同產業，但是與行銷專業領域相同的朋友，進行策略聯盟，這也就是「個人身價發展策略表」要說明的第三件事，就是與 partner 的策略聯盟，達到自己能力與身價的擴張。

「個人身價發展策略表」最後要說明的一件事，就是當一個人完全脫離自己的專業領域，或熟悉的產業後，所要面臨的競爭風險是相當大的。以柯君爲例，他對於困難的環境不管如何應變，始終不會脫離自己專業的領域行銷，或是他熟悉的房地產仲介，說更清楚一點，他就算要脫離房地產仲介，進入一個新產業，做的也還是他的專業行銷，就算要發展其他第二專長，也會繞著他熟悉的房地產商品，才會有最大的利基。

職場身價競爭分析術

影響職場身價競爭的五個因素

三十歲的老周，從大學畢業、當兵退伍後，就進入某大電子集團工作，短短五年間已經從一個辦事員，升到公司的經理，薪水也從三萬塊台幣，到今日年薪加股票達數百萬之譜，目前又被調升到集團轉投資上海子公司當總經理，可說是一位職場的常勝將軍。

當我請教他如何節節高升的秘密時，這位行銷專家告訴我說：

我不是在教使你——詐，但活用職場身價競爭環境各種有利與不利的因素，了解自己身處的職場競爭環境，趨吉避凶，就能自抬身價！

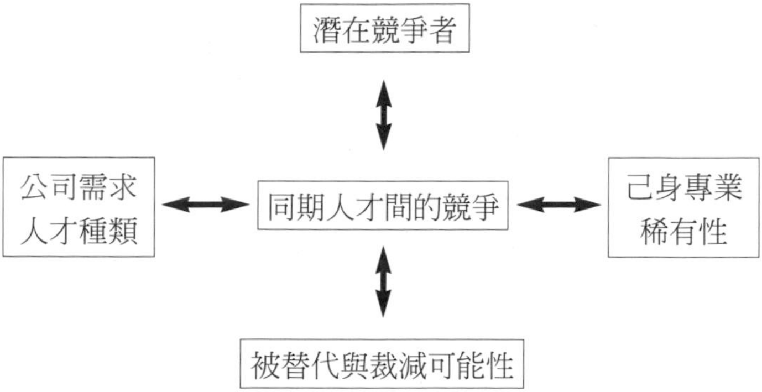

影響職場身價競爭因素圖

我疑惑的問這位青年才俊，影響職場身價競爭到底有哪些因素？

他笑著說，從行銷學上的五力分析法來推演，任何一個人進入職場後，身價都會受到「公司需求人才種類」、「潛在競爭者」、「己身專業稀有性」、「被替代及裁減可能性」及「同期間人才競爭」的影響，只要能善用分析自己在這五項因素中所處環境的優劣，就能從中自抬身價。

老周就自己的例子分析，六年前剛進入公司，由於他本身專業並不具備特別的稀有性，更別說是公司特別需求的人才，而且剛退伍的大學畢業生滿街都是，不管是潛在競爭者，以及受到國際人才替代的可能性都很大，按照上圖影響自抬身價的因素分析，身爲職場新鮮人的老周，只有在同期人才的競爭中，脫穎而出才有可能受到上司的注意。

同時，五年前網際網路的熱潮正逐漸興起，每一個公司都有藉由e化人才，縮短公司生產流程降低成本的需求，更何況老周公司是一家電子公司，所以老周當機立斷，犧牲自己下班後與休假時間，加強自己對網際網路的相關知識，增加自己專業的稀有性，並在適當時機，向老闆展示自己的專業才能，四年後，老周正式當上了經理，負責公司網路發展相關的業務，這時老周其實已經相當接近公司的權力核心了。

關於去除潛在競爭者

不過，好景不長，近一年台灣經濟受全球性不景氣的影響，陷入了衰退期，公司爲降低成本，將工廠大部分業務移往大陸，同時，網際網路泡沫破滅後，老周的部門即使仍有降低公司成本的貢獻，但在許多股東心目中的重要性已經降低，以影響職場身價競爭圖分析，老周隨時有被替代裁員的可能。

也許，危機正蘊含著轉機，就在國際市場訂單大幅萎縮的狀況下，公司也開始有到上海廠設立行銷據點，擴展大陸內銷市場的計畫，面對這個趨勢的洪流，原本就是行銷專家的老周，決定跟公司爭取這樣的機會，否則，將來自己很可能在公司降低成本的大旗下，被迫離職。而且論資歷、專業經驗，老周自信大概只有國外部經理老王可以與他一較長短，爭取派上海的機會。不過，面對老王的這位潛在競爭者，平心而論，老周實在沒有信心，因爲他與老王不但是同事，而且老王湊巧還是他大學的學弟，他對小王知之甚深，他知道小王的國際觀、才能、操守，其實都是高於自己的。

老周的憂慮，一切寫在臉上，剛巧被他的妻子看到，他坦承以告，沒想到妻子不但不幫他想辦法，還突然擔心萬一他爭取到這個職位到上海，會不會學別人包二奶？這時的老周眞是煩上加煩，正要劈口罵老婆時，突然心生一計，可以讓老王這個潛在的競爭者，自動放棄調升上海的機會。

原來老王愛妻至深，而且也從不介意別人說他家裡有個妻管嚴，他進入公司多年，對於「第二攤」的應酬，從來敬謝不敏，因此，如果能將老王可能將調上海的消息，加油添醋透露給老王的太太知道，那麼老王一定會放棄這個機會。事後果然如老周所料，老王在家庭壓力下，放棄了升遷上海當老總的機會。

寫到這裡，讀者一定會認爲老周眞是太壞了，爲了升官發財，竟然使用這種見不得人的招式。我也曾經這樣質問老周，這位頭髮已經有點半白、辦公桌上放著兩歲兒子照片的中年男子，沒有正面回答我，他只說，職場的競爭是殘酷的，多年來的經歷，讓他已經不太想去辨別有些事的對錯，就像電影《教父》裏所說的「有些事是必須做的，你儘管去做，但不要說。用不著去證明這些事是正確的，他們無法被證明正確與否，你去做就行了，然後把它忘掉！」

聽到老周講這些話，我再也無法開口責問老周了，因爲對許多週遭的人、事、物，我也有一些難以言喻的脆弱感和無力感，所謂「公平正義」那一套，早就比不上都市的「叢林法則」了。而且，我自己在面對許多不想做的事，坦白說，有時候我也一樣沒有辦法去拒絕。我想，這樣的我，是沒有辦法審判任何人的。

在上海淮海路的咖啡館裏，我和老周兩人相對無言、內心卻百般滋味交集的喝著下午茶。

讓自己重新被估價

把握讓自己重新被估價的機會

如果你已經爲自己訂定了個人身價的發展策略，並且去了解面對己身在職場競爭下各種險惡的競爭。如果你也是一個無法抽身職場江湖的凡夫俗子，那麼在面對更上層樓的機會時，你是否有勇氣讓自己重新被估價？

三十歲的小楊，是台灣一家本土銀行的AO（業務員），工作五年了，但薪水總是在三萬多塊台幣間徘徊，他常挖苦自己說，喜馬拉雅山聖母峰每年因爲板塊運動，都還會長高幾公釐，而自己每年薪水的厚度，卻是一動也不動。他也曾鼓起勇氣與老闆談過幾次，但老闆總是以公司的體制，以及日後公司發展將帶給小楊的美好前景，叫小楊「眼光放遠點」，以大局爲重。其實，小楊工作很努力，也曾有多家外商銀行同業要用更高的薪水、職位挖他，他也曾想過要再出國深造加強自己的金融專業，但年輕的他，總在老闆不斷的慰留之下心軟，選擇繼續堅守岡位。不過，受最近一年台灣經濟不景氣影響，小楊業績大幅滑落，原有老闆對他「關愛」的眼神，開始轉爲「不耐煩」。小楊突然明白——

在資本主義的結構下，老闆的心裡才不管你過去立下多少汗馬功勞，現在貢獻不足的人，就是公司的負債！

小楊覺得很氣餒，便有了跳槽的打算，只是現在台灣的銀行同業都在緊縮人事成本、遇缺不補。更讓小楊怨嘆的是，他昨天遇到同期進銀行，後來跳槽到別家外商銀行，目前已經升到「襄理」的老同事，他不禁跟這位同事大吐苦水，後來，這位老同事告訴他一件事，讓小楊心中久久無法釋懷——小楊遲遲沒有加薪升職的理由，竟然是他的老闆認爲，「現有的價格，已經足夠讓小楊賣命了！」

小楊很後悔，當初自己在最紅的時候，沒有趁機跳槽，或出國學習，讓自己有重新被估價的機會。

把工作當成 Mission

在英文單字裡，可以代表工作意思的有三個字彙，分別是 job、work 和 mission。job 及 work 指的是一種長期性、穩定性的工作，mission 則可能是一種階段性的任務。

在現代社會中，終身雇用制的公司已經不多，即使是公務員，都可能會面臨政府人事精簡，被迫退休的結果，所以，認爲自己會長久做同樣一份工作、最後領到退休金的年輕人也日漸稀少，再加上人們對長期性、穩定性的工作，往往也容易失去熱忱及積極性，最後更惡性循環，喪失自己在職場上的企圖心。

因此，我鼓勵把工作當成是一種 mission，而不是 job 及 work，如果人人都把工作當成是一種任務在執行，由於任務多是有時間限制的，每個人就會把握機會在工作中學習，努力把這個任務做好，同時，在面對下一個職場挑戰時，就比較不會猶豫，因爲上個階段任務累積的經驗與實力，往往就是在爲下一階段的任務作準備，而且，試著把工作當成是一種任務，甚至可以提高工作的使命感與樂趣。

別讓時間制度蒙蔽了你的進取心

常有好心的長輩告訴我，要我不要隨便辭職、換工作，資本主義社會講究「累積」，經常換公司的人容易被淘汰出局，俗語也說：「滾石不生苔。」

不過，當我進入社會後，才發覺這句話是「有時效性的」。對一個剛出社會的年輕人而言，「工作」的確是一種累積自己經驗與實力的過程，這時最需要的就是「邊打仗邊學習」，把從前在學校讀書的理論，用最實務的經驗來印證，這也是一個人進入社會工作後成長最快速的時期。不過，當一個人在現有岡位上工作至少四、五年，年紀到達三十五歲左右，有一天突然發現，薪水調整每年就是百分之三、想輪到自己升經理，或許再等十年都很難有機會，自己的薪水、職位就是不上不下的，即使想跳槽，翻開台灣各大媒體報紙求職欄一看，所有應徵工作幾乎都規定要三十五歲以下的，所以好像也沒什麼地方可以去，就算有機會，似乎也不會比現在更好。

而且更重要的是，長時間固守在一個位置上，容易讓人「組織化」，變得害怕冒險、不想改變。**其實每個人都有一顆渴望改變與進取的心，只是被制度蒙蔽了。**

我認爲當自己在一份工作上的貢獻與學習，若已經到了瓶頸，就該勇於轉換跑道，甚至發展自己的第二專長，把握自己重新被估價的機會，這或許不能保證成功，但至少能保證一件事，那就是**這樣的人生起碼會少點遺憾！**

第八章

自我行銷，就從現在開始

自我行銷，就從現在開始go ahead！

上帝給人們的寶貴禮物

我在就讀輔仁大學時，曾經有一位外國神父在上人生哲學課時問同學，「英文單字present有兩種含意，一個意思是『禮物』，另外一個意義就是『現在』，各位知道為何要如此安排嗎？」

課堂上的同學沒有人答的出來，這位神父最後微笑的說：「因為上帝想告訴人們，祂給人最寶貴的『禮物』就是『現在』！」

把握現在，就是把握未來。人的一生總是在開始過得不錯時，才發覺已經走完了人生旅途的一大段。

老實說，我在剛寫這本書時，目的只是爲了虛榮，認爲搞個作家來當當也不錯，說不定還會得到一些美女的崇拜。但後來我發覺，對一個胖子而言，不管你做了多少事，擁有多少的頭銜，大部分漂亮妹妹在背後叫你的方式，還是「那個胖子」。

後來，寫書對我最大的意義，竟然是一種自我反省的過程，回首來時路，總是會想，那時要是知道怎麼做就好了，可是卻忘了把握現在，因爲能力永遠可以再發展，但時間卻是極其有限的。眞的，**想做什麼就從現在開始**，你現在讀了這本自我行銷的書，明天就立即把它派上用場。

當然，我不能保證每一個讀者都能成功，可是我相信，**放棄自我行銷就等於是失敗！**

新管理 02

把自己賣個好價錢

作　　者　彭思舟
總 編 輯　陳惠雲
主　　編　諸韻瑄
編　　輯　楊淑圓
出 版 者　匡邦文化事業有限公司
聯絡地址　台北市羅斯福路四段 200 號 9 樓之 15
E-Mail　dragon.pc2001@msa.hinet.net
網　　址　www.morning-star.com.tw
電　　話　(02) 29312270
傳　　真　(02) 29306639

法律顧問　甘龍強律師
初　　版　2001 年 12 月
總 經 銷　知己實業股份有限公司
郵政劃撥　15060393
台北公司　台北市羅斯福路二段 79 號 4 樓之 9
電　　話　(02) 23672044．23672047　傳真：(02) 23635741
台中公司　台中市 407 工業區 30 路 1 號
電　　話　(04) 3595819　傳真：(04) 3595493
定　　價　新台幣160元整
Printed in Taiwan

國家圖書館出版品預行編目資料

把自己賣個好價錢 / 彭思舟著. --- 初
版. -- 臺北市：匡邦出版，2001〔民 90〕
面：　公分.-（太成就家族；1）
ISBN 957-455-084-2（平裝）
1. 才能　2. 成功法

177　　90017171

讀 者 回 函 卡

您寶貴的意見是我們進步的原動力！

購買書名：把自己賣個好價錢

姓名：________________

性別：□女 □男　年齡：______ 歲

聯絡地址：________________________________

E-Mail：________________________________

學歷：□國中以下　□高中　□專科學院　□大學　□研究所以上

職業：□學生　□教師　□家庭主婦　□SOHO族

□服務業　□製造業　□醫藥護理　□軍警

□資訊業　□銷售業務　□公務員　□金融業

□大衆傳播　□自由業　□其他

從何處得知本書消息：□書店　□報紙廣告　□朋友介紹　□電台推薦

□雜誌廣告□廣播　□其他

你喜歡的書籍類型（可複選）：□心理學　□哲學　□宗教　□流行趨勢

□醫藥保鍵　□財經企管　□傳記

□文學　□散文　□小說　□兩性

□親子　□休閒旅遊　□勵志

□其他

____

您對本書的評價？（請填代號 1. 非常滿意 2. 滿意 3. 普通 4. 有待改進）

書名______封面設計______版面編排______內容______文／譯筆______

讀完本書後，您覺得：

□很有收獲　□有收獲　□收獲不多　□沒收獲

您會介紹本書給你的朋友嗎？

□會　□不會　□沒意見

（貼郵票處）

106 台北市羅斯福四段 200 號 9 樓之 15

匡邦文化事業有限公司

地址：______縣／市______鄉／鎮／市／區______路／街
______段______巷______弄______號______樓